INTRODUCTION TO
PSYCHOLOGICAL
STATISTICS

ステップアップ
心理学シリーズ

心理学統計入門

わかって使える検定法

YOSHIHIRO ITAGUCHI　KAZUMA MORI
板口典弘　森 数馬 [著]

講談社

はじめに

 ## データの意味を知る

なぜ私たちはデータを解釈する際に，統計学を用いるのでしょうか？おおざっぱにいうと，目的は2つあります。1つめは，データの特徴を把握するためです。2つめは，少ないデータの特徴が，大きなデータにも当てはまるかどうかを調べるためです。データの特徴の一般化ともいえるかもしれません。このように，データのもつ意味を知り，考えるのが統計学です。心理学研究において，いくらよい実験データ，質問紙データが集まったとしても，そのデータの特徴・含意を正しく解釈できなければ，価値のある結果には結びつきません。また，誰かを説得して，自身の主張を受け入れさせる際にも，データの特徴を効率よく見せる必要があります。このように，私たちの主張を通すための味方の1つとして，統計学が用いられています。

 ## 心理学を専攻する大学生の方へ

このような背景から，統計学は学問の世界だけでなく，社会人のスキルとしても重要視されています。事実，書店へ行けば，「統計学が最強」であるとか，「ビッグデータの衝撃」などというタイトルの本が積まれているのを目にするでしょう。このようなタイトルの真偽はさておき，統計学のスキルが社会で注目とされていることは明らかです。心理学を専攻する学生において，就職活動で有利なポイントの1つになるのも，文系ながら統計学を扱える点です。そのため，心理学統計をきちんと理解することは，みなさんのこれからの生活においても大きな力になるでしょう。統計学はじつは最強でも衝撃でもありませんが，有用であることには間違いありません。本書は，心理学という学問の範囲内で，統計学の本質をわかりやすく解説していきます。

はじめに

本書のアプローチ

　本書の大きな特徴は，学習内容のレベルに合わせたステップアップ方式を採用している点です。ステップ1〜3で扱う内容は少しずつ重複していますが，各ステップを読み進めていくと難易度も上がり，螺旋階段を上がるように，最終的には十分な理解が得られるように工夫されています。従来の統計学の教科書は，章ごとに扱うトピックが分かれています。そのため，理解があまり追いついていない段階から，非常に細かい知識や数式が紹介されています。このために，初学者には負担が大きくなりがちであり，結果的に〝統計嫌い〟を多く生み出してしまっていました。

　これに対して本書は，これから心理学を学びはじめる意欲旺盛なあなた，「難しい話は抜きにしてとりあえずt検定だけをおこないたい！」というせっかちなあなた，あるいは統計検定を知識としては覚えているけれども，しっくり理解ができていない慎重派のあなたにも最適な1冊となっています。これは，本書は「とりあえず覚えて使う」段階から，「仕組みを理解する」段階，そして「理解を深める」段階へと進んでいく構成となっているためです。

　大学の心理学統計の授業においても，細かい内容を網羅的に覚えていく場合があります。統計学の授業と実験演習の進度と合わないことによって，統計結果の解釈がよくわからない状態でレポートを書くことになってしまうなど，さまざまな不都合が生じます。一方で，本書を用いると，「大枠→詳細」という流れで統計学の理解を深めることが可能です。このような勉強の仕方を採用することによって，心理学実験と心理学統計の両方の理解を平行して進めることができ，バランスのとれた知識が身につくことが期待されます。

本書の構成

　本書は，おもに3つのステップから構成されています。ステップ1を読むと，心理学統計の使用法と解釈の基礎を理解することができます。これは，心理学を専攻して1年目のレベルを想定しています。次に，ステップ

2を読むと，統計検定の仕組みに対する正しい理解が得られます。このステップは，自身で統計検定を選び，使用する段階で役に立つでしょう。卒論にとどまらず，大学院入試対策としても，十分な理解を提供します。最後に，ステップ3で，統計学の前提となるさまざまな重要事項をきっちりと押さえます。この内容の半分ほどは，じつは多くの教科書の最初のほうに出てくる話です。本書は，それらの内容をあえて最後にもっていきました。なぜなら，これらの内容は重要である一方で，統計学初心者には難しい内容であり，かつ，統計ソフトにより出力された検定結果を解釈する初期段階においてはあまり必要がない知識であるためです。そのため，本書では，まずはステップ1で統計学の大枠を把握したあとで，詳細な知識に取り組む構成を採用しています。

　本書を執筆するにあたって，多くの方々にご協力をいただきました。大阪谷未久さん，岡本真結さん，山田千晴さんには読者の立場から，多くの実用的なご提案をいただきました。さらに，大橋洸太郎先生，小野口航先生には専門家の視点から大変有益なコメントをいただきました。最後に，本書の編集者である株式会社講談社サイエンティフィクの渡邉拓氏・小笠原弘髙氏には，構成から内容に至るまで多大なご尽力をいただきました。心よりお礼申し上げます。

2017年4月

板口典弘・森数馬

心理学統計入門　わかって使える検定法

目次

はじめに ………………………………………………………………………………… ii
統計ソフトRの使い方 ………………………………………………………………… xi

ステップ0　なぜ統計を使うの？ …………………………………… 1

0-1 そもそも統計ってなに？ ………………………………………………………… 1
0-2 どこまで勉強すればいいの？ …………………………………………………… 2
0-3 どんなときにどんな検定を使うの？ …………………………………………… 3

ステップ1　なにはともあれ覚えよう …………………………… 5

1-1 心理学統計の基礎 ………………………………………………………………… 6
　1-1-1　サンプルと母集団 …………………………………………… 6
　1-1-2　記述と推測 …………………………………………………… 7
　1-1-3　統計量 ………………………………………………………… 9
　1-1-4　平均値・分散・標準偏差 …………………………………… 10
　1-1-5　データのばらつき …………………………………………… 11
　1-1-6　中央値・最頻値 ……………………………………………… 13
　1-1-7　度数分布・ヒストグラム …………………………………… 14
　1-1-8　ばらつきの指標の重要性 …………………………………… 16
　1-1-9　正規分布 ……………………………………………………… 18
　1-1-10　正規分布とデータ数 ………………………………………… 19

1-2 統計的仮説検定 …………………………………………………………………… 22
　1-2-1　得られたデータの一般化 …………………………………… 22
　1-2-2　統計的仮説検定のロジック ………………………………… 23

1-2-3	1つの母集団と2つのデータ	24
1-2-4	統計的に有意であるということ	25
1-2-5	有意確率・危険率	27
1-2-6	有意差あり・有意差なし	29
1-2-7	有意水準のレベルと表記	30

1-3　t検定　32

1-3-1	2群の平均値の比較	32
1-3-2	ボタン押し実験	33
1-3-3	t検定による有意差検定	35
1-3-4	t値，自由度，p値	36
1-3-5	有意差のメカニズム	37
1-3-6	t検定のオプション	38
1-3-7	対応の有無	39
1-3-8	対応のあるt検定における検定力	41
1-3-9	片側検定と両側検定	42
1-3-10	片側検定における検定力	43

1-4　1要因の分散分析と多重比較　46

1-4-1	1要因の分散分析	46
1-4-2	分散分析における要因の効果	47
1-4-3	分散分析の結果の解釈	49
1-4-4	多重比較	51
1-4-5	多重比較の結果の解釈	51
1-4-6	検定の多重性	52
1-4-7	Bonferroniの方法	53

1-5　2要因の分散分析と交互作用　56

1-5-1	2要因の分散分析	56
1-5-2	2要因の分散分析の結果	57
1-5-3	主効果と交互作用	58
1-5-4	交互作用がない場合	59
1-5-5	交互作用がある場合	60
1-5-6	単純主効果の検定	61
1-5-7	参加者内・参加者間要因	63

1-6　相関分析　65

| 1-6-1 | 2群の関係性の分析 | 65 |
| 1-6-2 | 相関の種類 | 67 |

1-6-3	相関係数	68
1-6-4	相関係数と散布図	69
1-6-5	相関係数の有意性検定	70
1-6-6	相関係数の脆弱性	71

ステップ2　実践して理解しよう　73

2-1　統計的仮説検定の手続き　74

2-1-1	独立変数と従属変数	74
2-1-2	2群の平均値差の統計的仮説検定	76
2-1-3	数学的な手続きと論理的手続き	77
2-1-4	対立仮説と帰無仮説	78
2-1-5	帰無仮説の棄却，対立仮説の採択	80
2-1-6	有意差の解釈	81

2-2　検定統計量と有意差　83

2-2-1	検定統計量	83
2-2-2	検定統計量が大きくなる条件	84
2-2-3	群内・群間のばらつきの大きさ	86
2-2-4	検定統計量とデータ数	88

2-3　対応のないt検定　90

2-3-1	対応のないデータ	90
2-3-2	自由度の決定	91
2-3-3	対応のないt検定のt値の算出	91
2-3-4	t分布と有意確率	94
2-3-5	t分布表と有意水準	95
2-3-6	対応のないt検定における有意差判断	97

2-4　対応のあるt検定　98

2-4-1	対応のあるデータ	98
2-4-2	対応のあるt検定のt値の算出	98
2-4-3	対応のあるt検定における有意差判断	101
2-4-4	対応のあるt検定のメリット	102
2-4-5	対応のあるデータにおける効果のばらつき	103
2-4-6	データの相関と検定力	105
2-4-7	対応のあるt検定の検定力	107

2-5 等分散性が成り立たない場合のt検定 ········· 109
- 2-5-1 t検定の仮定 ········· 109
- 2-5-2 ウェルチのt検定 ········· 110
- 2-5-3 ウェルチのt検定における自由度の調整 ········· 111
- 2-5-4 ウェルチのt検定における有意差判断 ········· 112

2-6 分散分析の基礎 ········· 115
- 2-6-1 分散分析と統計デザイン ········· 115
- 2-6-2 分散分析の種類 ········· 116
- 2-6-3 要因の主効果 ········· 117
- 2-6-4 分散分析の検定統計量 ········· 118

2-7 1要因の分散分析 ········· 120
- 2-7-1 参加者間1要因分散分析 ········· 120
- 2-7-2 構造方程式 ········· 122
- 2-7-3 参加者間1要因分散分析におけるF値の算出 ········· 124
- 2-7-4 参加者間1要因分散分析における平方和の算出 ········· 125
- 2-7-5 参加者間1要因分散分析における有意性判断 ········· 127
- 2-7-6 参加者内1要因分散分析 ········· 129
- 2-7-7 参加者内1要因分散分析における有意性判断 ········· 132

2-8 2要因の分散分析 ········· 135
- 2-8-1 交互作用 ········· 135
- 2-8-2 参加者間2要因分散分析 ········· 137
- 2-8-3 参加者間2要因分散分析における平方和の算出 ········· 140
- 2-8-4 参加者間2要因分散分析における有意性判断 ········· 141
- 2-8-5 参加者内2要因分散分析 ········· 143
- 2-8-6 心理学研究における参加者要因の扱い ········· 145
- 2-8-7 混合要因分散分析 ········· 146
- 2-8-8 単純主効果の検定 ········· 148
- 2-8-9 単純主効果の検定の実施法 ········· 150

2-9 統計的仮説検定における仮定 ········· 153
- 2-9-1 第一種の過誤, 第二種の過誤 ········· 153
- 2-9-2 パラメトリック検定 ········· 154
- 2-9-3 尺度と分布 ········· 155
- 2-9-4 正規性の仮定 ········· 157
- 2-9-5 正規性と統計検定 ········· 159

	2-9-6	正規性の崩れと対処法	160
	2-9-7	等分散性の仮定	162
	2-9-8	等分散性の崩れと対処法	164
	2-9-9	球面性の仮定	164
	2-9-10	球面性の崩れと対処法	165
	2-9-11	独立性の仮定	167

2-10　多重比較 ... 169

- 2-10-1　検定の多重性 ... 169
- 2-10-2　危険率の維持 ... 170
- 2-10-3　Bonferroniの方法 ... 171
- 2-10-4　その他の多重比較方法 ... 172

2-11　相関分析 ... 175

- 2-11-1　共分散 ... 175
- 2-11-2　共分散の意味 ... 178
- 2-11-3　共分散の大きさ ... 180
- 2-11-4　相関係数 ... 181
- 2-11-5　データの相関の強さ ... 182
- 2-11-6　相関係数の有意性検定 ... 184
- 2-11-7　相関係数の有意性の解釈 ... 186
- 2-11-8　擬似相関 ... 186
- 2-11-9　部分相関・偏相関 ... 188

ステップ3　もっと深く知ろう　191

3-1　尺度水準 ... 192

- 3-1-1　尺度と尺度水準 ... 192
- 3-1-2　4つの尺度水準 ... 193
- 3-1-3　4つの尺度水準の心理学における使いどころ ... 197
- 3-1-4　リッカート尺度の扱い方 ... 199

3-2　カイ2乗検定 ... 201

- 3-2-1　カイ2乗検定とは ... 201
- 3-2-2　適合度検定 ... 202
- 3-2-3　独立性検定 ... 205
- 3-2-4　適合度検定と独立性検定の使用例 ... 208

	3-2-5	分散分析とカイ2乗検定の使い分け	210

3-3 正規分布の形状 ... 212

- 3-3-1 正規分布の記号による表現 ... 212
- 3-3-2 さまざまな正規分布の形 ... 214
- 3-3-3 歪度：分布のゆがみを表す指標 ... 216
- 3-3-4 尖度：分布のとがり具合を表す指標 ... 218

3-4 標準得点 ... 221

- 3-4-1 標準得点とは ... 221
- 3-4-2 素点と標準得点の違い ... 224
- 3-4-3 偏差値 ... 226

3-5 不偏性と標準誤差 ... 229

- 3-5-1 不偏性と不偏推定量 ... 229
- 3-5-2 標準誤差 ... 232
- 3-5-3 実験データにおける標準誤差 ... 234
- 3-5-4 標本平均と母平均の差を小さくする条件 ... 235

3-6 不偏分散 ... 238

- 3-6-1 不偏分散とは ... 238
- 3-6-2 標本分散と不偏分散の値の関係性 ... 239
- 3-6-3 標準誤差と標準偏差の違いについて ... 241

3-7 効果量 ... 244

- 3-7-1 効果量の意味 ... 244
- 3-7-2 t検定の効果量 ... 246
- 3-7-3 分散分析における参加者間要因の効果量 ... 247
- 3-7-4 その他の効果量と効果量の目安 ... 249

付録1　t分布表 ... 252
付録2　F分布表（5%水準）... 253
付録3　F分布表（1%水準）... 254
付録4　F分布表（0.1%水準）... 255
付録5　カイ2乗検定分布表 ... 256

索引 ... 257

統計ソフトRの使い方

　本書では，フリー（無料）の統計ソフト「R」を用いた練習問題を用意しています。統計ソフトそのものの使用方法は紙面の都合上，詳しく説明することはできませんが，みなさんが本書で学んだ統計手法を「実際に使いたい！」となった際に，すぐに役立つようにしています。各箇所には，サンプルデータを用いた統計手法の実行コマンドを記載しています。サンプルデータは講談社サイエンティフィクのホームページにある本書の紹介ページからダウンロードしてください。また，本書では，分散分析の実行のために，井関龍太先生（本原稿執筆時点，大正大学にご所属）が作成した関数である，「ANOVA君」を用います。以下，統計ソフトRを使うための基本的な準備について概略します。

■ サンプルデータへのアクセス方法

1. 『ステップアップ心理学シリーズ　心理学統計入門　わかって使える検定法』の紹介ページにアクセスします。（http://www.kspub.co.jp/book/detail/1548107.html）
2. 表れたページの下部にある「統計ソフトR用サンプルデータ」の表示をクリック。

■ Rのインストール・起動

1. R projectのホームページにアクセスします。（https://www.r-project.org/）
   ※あるいは「統計ソフトR　インストール」で検索をすると，具体的なインストール方法を解説したサイトがヒットします。
2. サイト左側にあるDownloadの下「CRAN」をクリックし，次に現れたページのJapanの下にあるURLをクリック。
3. 使用するパソコンの環境に合わせたファイルを選びます（Download for ○○）。○○はLinux，(Mac)OSX，Windowsのいずれかです。
4. Mac OSXの場合，Filesの欄のもっとも上にあるファイルを選択。もしOSが古いようであれば，その下を選ばないといけない可能性があります。Windowsの場合は，baseをクリック後，もっとも上に出てくるURLを選んで，ファイルをダウンロードしてください。
5. ダウンロードしたファイルを起動させ，インストールを進めてください。基本的には，特別な変更はせず「次へ」で進めていって大丈夫です。
   ※インストール先のフォルダを選択する際に，フォルダのパスに日本語が入らないようにすること。たとえば「C:\Users\Kirin\R」はOKですが，「C:\Users\きりん\R」はダメです。

■ **ANOVA君（anovakun）のダウンロード・読み込み**

1. 「http://riseki.php.xdomain.jp/index.php?ANOVA%E5%90%9B」にアクセスします。あるいは，「ANOVA君」で検索。
2. 「ANOVA君のファイル」の欄にある，「anovakn_***.txt」をダウンロードして保存します。***には具体的なバージョン番号が入ります。
3. 分散分析を実行するには，Rの起動後，Rのメニューバーにある「ファイル」から「Rコードのソースを読み込み」をクリックして，ダウンロードしたファイルを読み込みます（Rを閉じない限り，一回読み込めばOKです）。
   ※ダウンロードしたファイルが見当たらない場合には，「開く」の上にある「R files(*.R)」をクリックし，「All files (*.*)」に変えてみましょう。

■ **作業ディレクトリの変更**

Rの起動後，Rのメニューバーにある「ファイル」から「ディレクトリの変更」をクリックして，使用するcsvデータ（講談社サイエンティフィックホームページからダウンロード）が保存されているディレクトリを選びましょう。この作業は，Rを立ち上げるたび，毎回おこなう必要があります。

ステップ 0　なぜ統計を使うの？

0-1　そもそも統計ってなに？

　現代において，統計はいたるところで使用されています。たとえば，今年度の日本の人口，東京のある1軒のパン屋さんの1日の売り上げの平均，ある若者が1日にタバコを吸う頻度も，すべて統計です。統計とは，**あるまとまった現象や概念を数値化して把握すること，およびその結果**を指します。その過程において，さまざまな解析や解釈がおこなわれます。

　ここからは心理学統計に限定して話を進めましょう。心理学では，**ヒトや動物の行動を数値化したデータにもとづき，行動の仕組みや"こころ"を理解する**ことをめざします。たとえば，喫煙行動と性別に関する研究を

図0-1　行動の数値化

おこなう場合を考えてみましょう。ある若者が1日にタバコを吸う行動を調べる場合には，その若者を1日中追いかけ回してビデオ撮影をするという方法が考えられます。しかしながら，その結果を誰かほかの人に伝える際には，1日のビデオを丸々渡すことは非効率的ですし，性別ごとや日ごとの比較も容易ではありません。このとき，1日に"何回吸ったか"という頻度を数値化することによって，簡単に結果を他者に伝えたり，その後の比較や解析をおこなうことができます（図0-1）。このように，統計を用いてヒトや動物の行動を数値化することは，心理学という学問において非常に重要な作業です。

0-2 どこまで勉強すればいいの？

　本書を手にとっている読者のみなさんの多くは，大学で心理学を専攻している学生さんでしょう。大学で心理学統計を学ぶ場合には，まずは**心理学の実験演習で使用される統計手法**まで身につけることが1つの目標となります。心理学の実験演習では，データの解析手法はあらかじめ定められています。また，実際の計算作業には専用の統計ソフトを使用するため，レジュメなどの指示どおりにおこなえば，統計の分析結果を出力することも比較的簡単です。ただし最後には，得られた出力にもとづいて実験結果を解釈し，論文としてまとめなければいけません。そのため，心理学統計初学者のみなさんは，まずは出力された**統計結果を正しく記述し，適切な解釈をおこなうスキル**を身につける必要があるでしょう。

　このスキルは，自身でおこなった実験結果を解釈するだけでなく，**先行研究を正しく理解するため**にも重要です。自身のレポートや論文を執筆する際には，先行研究を引用・参考にしなければなりません。心理学を含めて，科学に関する先行研究（論文）では，ほぼ必ず統計解析がおこなわれ，そ

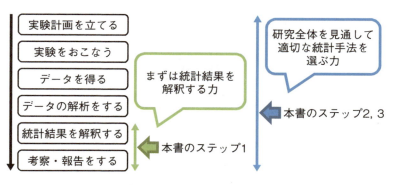

図 0-2　心理学研究の流れと必要なスキル

の結果が報告されています。そのため，先行研究を正しく理解するためには，論文に記載されている統計手法とその結果を正しく解釈できなければいけないのです。本書のステップ1では，まずこのスキルを獲得することをめざします（図0-2）。

　ただし，卒業論文を執筆する場合のように，自分で研究を主体的におこなうためには，結果を解釈して報告するスキルだけでは不十分です。すなわち，自立した研究のためには，心理学統計の仕組みについてきちんと理解し，適切な統計手法を選ぶための知識までを身につける必要があります。このようなスキルを獲得するためには，本書のステップ2と3が役立ちます。

0-3　どんなときにどんな検定を使うの？

　ステップ1において詳しく解説しますが，統計は，「記述統計」と「推測統計」の2つに大きく分かれます。そのうち，記述統計は，得られたデータを要約して伝えたい場合に用います。一方で，推測統計は，得られた

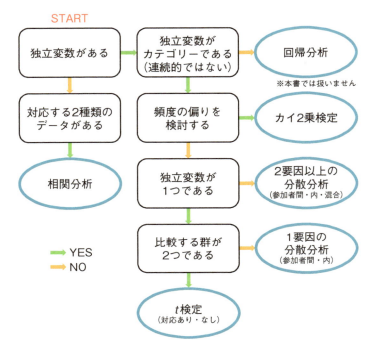

図0-3　検定手法の選び方

データをもとに，得られていない大きなデータ（大量のデータ）の性質を推定したい場合に用います。とくに心理学においては，ある特定の実験参加者に関するデータのパターンを，その他大勢の人々に対して一般化したい場合に使用します。

推測統計では，データの性質と研究の目的に合わせて適切な手法を選ぶ必要があります。図0-3に，心理学においてよく使用される統計検定手法と，その選び方を示します。このフローチャートは，みなさんが自分自身で検定手法を選ばなければならない際に参考になるでしょう。本書では，図0-3のフローチャートに出てくる回帰分析以外の手法を扱います。t検定，分散分析，相関分析については，ステップ1で検定結果の解釈方法を，ステップ2で検定の仕組みを解説します。カイ2乗検定については，ステップ3で解説します。

ステップ1 なにはともあれ覚えよう

　ステップ1では，統計ソフトウェアなどからの出力結果を正しく解釈・記述するために必要な知識を身につけることを大きな目的とします。最初に統計学の基礎知識と，統計的仮説検定の仕組みについて学んでから，心理学研究で頻繁に使用される各種検定を順に解説します。ステップ1では統計検定結果の正確な解釈ができるようになるために必要な部分を重点的に解説し，難しい計算式の紹介はしません。

　このように，ステップ1における解説では数学的要素をできるだけ省き，統計検定の概念の理解や使用方法の説明を優先させます。厳密な用語の意味や数学的な仕組みについては，ステップ1にて基礎的な部分を覚えた後，ステップ2で改めて解説します。心理学統計は決して簡単な学問ではありませんが，なにはともあれ，まずは覚えることから始めましょう。

1-1 心理学統計の基礎

心理学研究では，データを計測し，そのデータに対して統計学的な解析をおこない，その解析結果にもとづいて考察をおこないます。そのような解析をおこなうことによって，得られたデータの特徴を正しく伝えたり，小さなデータから大きなデータの特徴を推測したりすることができます。ステップ1では，心理学で一般的に用いられる手法として，t検定や分散分析，相関分析を紹介します。本節ではまず，それらの分析手法の前提となる，統計学の基礎的な用語と知識を学んでいきます。

1-1-1 サンプルと母集団

- サンプル：母集団からピックアップされたデータ。標本ともよばれる。
- 母集団：手元にあるデータの背後に存在すると仮定される，大きなデータ。

まず，さまざまな統計的手法を用いるうえで，もっとも重要な事項を説明します。それは，**心理学では，ある大きな集団から抜き取ってきた比較的小さなデータを用いて研究の仮説を検討する**ということです。なぜ小さなデータを用いるかというと，大きな集団すべてを調べることは，物理的に不可能であるためです。たとえば，知覚心理学では，性別・人種にかかわらずヒト一般に共通する真理を研究します。このとき，世界中の健康な成人に対して実験をおこなうことはできません。そのため，時間・労力・研究資金の許す範囲でデータをピックアップし，そのデータにもとづいて研究をおこなうのです。

このようにデータをピックアップする作業を**サンプリング**といい，ピッ

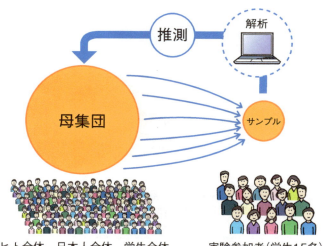

図1-1　サンプル・母集団・推測

クアップされたデータのことを**サンプル（標本）**とよびます。サンプルの数はサンプルサイズ（標本サイズ）とよばれることが多いですが，本書ではかんたんにデータ数とよびます。また，サンプルデータの背後に存在すると仮定されるデータを**母集団**といいます。これらの関係を図1-1に示します。さきほどの知覚心理学の例では，"ヒト全体"を母集団として想定していると考えられます。母集団の特徴を適切に推測するためには，もとの母集団から偏りなく抽出したサンプルでなくてはなりません。このような抽出をランダムサンプリング（無作為抽出）とよびます。

1-1-2 記述と推測

- 推測統計：サンプルデータをもとに，母集団の特徴を推測する統計手法。
- 記述統計：サンプルデータの特徴を記述する統計手法。

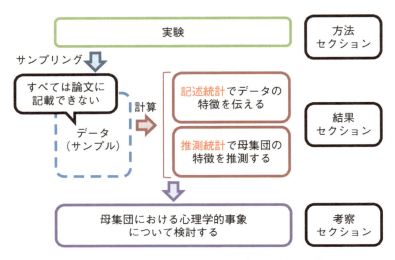

図1-2 心理学研究における記述統計と推測統計の使い方

　サンプリングされたデータにもとづいて，まだ調べていない母集団の性質を推測する手法を，**推測統計**とよびます。心理学では，実験に参加してくれた人々だけでなく，**サンプリングされたデータの背後に仮定される母集団の特徴を知る**ために推測統計を使います[1]。この作業は，実験によって得られたデータのパターンを，より大きな集団に**"一般化する"**作業ととらえることもできます。

　これは逆に考えると，得られたサンプルデータのみに興味がある場合には，推測統計は必要ないということです。得られたデータの特徴を伝えるような統計手法をまとめて，**記述統計**とよびます。図1-2に示すように，心理学の場合には，記述統計と推測統計の両方をおこなう必要があります。つまり，まずは記述統計を用いて，得られたデータの特徴をしっかりと把握・報告し，次に，推測統計を用いて母集団の特徴に関する検討をおこなうのです。

---

[1] このとき母集団として想定されるのは，「ヒト一般」かもしれませんし，「日本人の大学生」かもしれません。このように，どこまでを母集団の範囲とするかは，研究者のモデルや実験手法に依存します。

1-1-3 統計量

> - 統計量：データの特徴を統計学的な観点から集約した値。
> - 要約統計量：データの特徴を簡潔かつ客観的に集約した値。
> - 検定統計量：母集団についてもサンプルデータでみられた特徴が一般化できるかどうかを判断する値。
> - 記述統計量：サンプルデータに関する統計量。
> - 推測統計量：母集団データに関する統計量。

データのさまざまな特徴を，統計学的な観点から集約した値を**統計量**とよびます。たとえば，あるサッカーチームに所属する選手の年齢の「平均値」や，ある雑誌における特定の有名人の掲載「頻度」といった指標も統計量です。さらに，統計量は大きく2種類に分けられます。すなわち，サンプルデータに関する統計量は**記述統計量**，母集団データに関する統計量は**推測統計量**とよばれます（図1-3）[2]。記述統計量は，サンプルデータの特徴をまとめた値です。一方で，推測統計量は母集団に対する推測結果です。**推測統計量の正確さはデータの性質，とくにデータの大きさ（データ数）によって変化します。**

また，統計量の中でも，**データの特徴を簡潔かつ客観的に表現する**目的

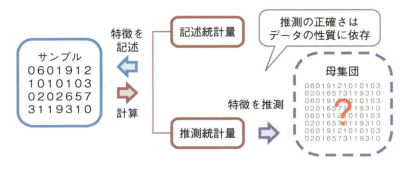

図1-3 記述統計量と推測統計量

[2] 本書では，とくに断らない限りデータという言葉はサンプルデータをさします。

で使用されるものを**要約統計量**とよびます。これにはたとえば、平均値や頻度などが含まれます。一方、サンプルデータでみられた特徴・パターンが**母集団に対して一般化できるかどうかの判断基準**となる値を**検定統計量**とよびます。たとえば、t検定におけるt値や、分散分析におけるF値が検定統計量に当たります。要約統計量は、記述統計量・推測統計量のどちらの場合であることもありえますが、検定統計量は母集団に対する検討であるため、常に推測統計量です。

1-1-4 平均値・分散・標準偏差

> - 平均値：データの総和をデータ数で割った値。
> - 分散：データのばらつきの度合いの指標。単位がもともとのデータと異なる。
> - 標準偏差：データのばらつきの度合いの指標。単位がもともとのデータと同じ。SDと表記されることが多い。

代表的な要約統計量をいくつか紹介していきましょう（図1-4）。まず、**平均値**は、**すべてのデータの値を足したものを、データ数で割る**ことによって算出される統計量です。平均値はもっとも一般的に使用される要約統計量であり、すでに読者のみなさんにもおなじみの指標だと思います。平

図1-4 平均値・分散・標準偏差

均値は，ある数学的な側面からみたデータの"中心"を示します。

$$\text{平均値} = \frac{\text{データを全部足したもの}}{\text{データ数}}$$

次に，**分散**はデータの**値がどれくらいばらついているか**を示す統計量です。分数の値が大きいほど，データにばらつきがあることを意味します。日本語の「分散」は，たんに「ばらつき」という意味ですが，統計学の文脈で分散といった場合には，次の式によって計算されるばらつきの指標をさします。

$$\text{分散} = \frac{(\text{個々のデータ} - \text{平均値})^2 \text{を全部足したもの}}{\text{データ数}}$$

最後に，**標準偏差**は分散と同様にデータのばらつきを表します[3]。論文中では，SD（Standard Deviation の頭文字）と表記されることも多いです。

$$\text{標準偏差} = \sqrt{\frac{(\text{個々のデータ} - \text{平均値})^2 \text{を全部足したもの}}{\text{データ数}}}$$

分散と標準偏差はどちらもデータのばらつきを表す指標ですが，**もとのデータと単位が同じかどうか**という違いがあります[4]。

1-1-5 データのばらつき

データのばらつきを示す統計量について，もう少し詳しく見てみましょう。読者のみなさんも，「あるサッカーチームに所属する選手の平均年齢は21.2歳であった」などという表記を見たことがあるかと思います。このように，要約統計量を用いるのは，データの値が複数あり，それら全体の特徴を簡潔に表現したい場合です。複数のデータがある場合は，データすべてが同じ値であることはめったにありません。つまり，複数の値が集まっているときには，データはばらつきます（図1-5）。ただし，データの

---

[3] 偏差は「平均からのずれ」という意味であり，（個々のデータ－平均値）で計算されます。そのため，標準偏差は「標準化された平均値からのずれ」を意味します。
[4] 不偏分散という分散は，データ数ではなく「データ数－1」で割ることによって計算されます。

ばらつき具合は場合によって異なります。そのため，データの"中心"を示す統計量（上の年齢の例では平均値）に加えて，ばらつきの大きさがデータの特徴を示す重要な指標になるのです。

　論文やレポートには，分散ではなく標準偏差をばらつきの統計量として記載するのが一般的です。分散は計算の過程で2乗の計算が含まれているため，もともとのデータの単位が保存されません。したがって，たとえば分散が9.0という値であったとしても，年齢の分散を「9.0歳」と表記することはできません。いっぽうで，標準偏差は2乗の計算によって変わってしまった単位をもとに戻す作業が含まれているため，**もともとのデータと単位が一致します**。さきほどの例で考えると，標準偏差は分散の平方根をとったものであるため，「3.0歳」となります[5]。標準偏差はもともとのデータおよび平均値と同じ単位で記述できるため，分散よりも直感的に理解しやすいというメリットがあります。このようにして，あるサッカーチームのメンバーの年齢の特徴は，「平均21.2歳，標準偏差3.0歳」と表現することができます[6]。

　一方で，分散は使いようがないかというと，そうではありません。標準偏差の計算方法と比較すると，分散は計算がひと手間少ない（平方根をと

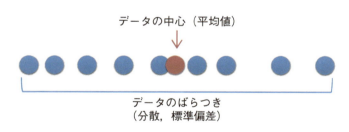

図1-5　データのばらつき

表1-1　大学生のお小遣いデータ

1	2	3	4	5	6	7	8	9	10	11	12	13	14	15
1000	5000	500	3000	8000	6000	3500	10000	3000	8000	3000	2500	4000	9000	2500

(単位，円)

---

[5] 9の平方根を計算すると，3になります（$\sqrt{9}=3$）。平方根とは，2乗の逆です。
[6] 「平均21.2歳（$SD=3.0$）」や「21.2±3.0歳」と表記されることもあります。

らない）というメリットがあります。そのため，検定統計量の計算過程で使用するのは，基本的には標準偏差ではなく分散です。このような理由から，計算式を扱う場面では分散も頻繁に登場します（ステップ2で何度も出会うことになります）。

次は，具体的なデータを使って，簡単に要約統計量の計算をしてみましょう。表1-1に示すのは，大学生15名分のお小遣いデータです。このデータの平均値，分散，標準偏差をそれぞれ計算してみましょう。計算式はp. 11を参照してください。

このデータの平均は4600円，分散は8106666.7，標準偏差は2847.2円となります。平均値と標準偏差の単位は，「円」であるのに対し，分散の単位はついていないことを確認してください[7]。また，分散の値は，実際のデータの値・平均値・標準偏差の値と比較してかなり大きな値となっていることもわかります。そのため，通常，データのばらつき度合いを表す際には，分散ではなく標準偏差を報告するのです。

1-1-6 中央値・最頻値

> - 中央値：データを小さい順に並べたときの中央の値。
> - 最頻値：データにもっとも多く存在する値。
> - 代表値：ある特定の数学的な観点からデータの中心的な特徴を表した指標。

平均値の仲間の要約統計量として，**中央値**，**最頻値**という指標があります[8]。これらはそれぞれ，数学的に異なる観点からデータの中心的な特徴を表したものです。このような値を，**代表値**とよぶことがあります。中央値は，**データを小さい順に並べたときに，真ん中にくる値**です。背の順に並んだときの，真ん中の人の身長がそれに当たります。データの個数が偶数のときには，真ん中の2つの値の平均が中央値となります。最頻値は，

---
[7] 無理やり単位をつければ「円²」となりますが，直感的にわかる単位ではありません。
[8] 要約統計量と代表値はほぼ同じ意味で使用されますが，代表値というと，平均値・中央値・最頻値をさすことが多く，ばらつきの指標（分散・標準偏差）は含まないことが多いです。

表1-2 小さい順に並べた大学生のお小遣いデータ

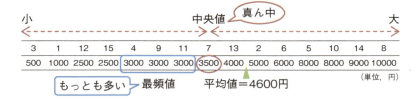

データの中でもっとも多く登場する値です。

さきほどのお小遣いデータ（表1-1）から，中央値と最頻値を求めてみましょう。まず，中央値をみつけるため，お小遣いデータを小さい順に並べ直したものを表1-2に示します。データ数が15であるため，中央値は真ん中の8番目の値（＝3500円）となります。次に，最頻値です。このお小遣いデータの中では「3000円」がもっとも多く（3回）登場する値であるため，最頻値は「3000円」です。ちなみに，平均値は前項で計算したとおり「4600円」でした。

このように，同じ代表値といってもそれぞれの値は大きく異なることがあります。研究の目的や状況によっては，中央値や最頻値が代表値として用いられることも少なくありませんが，一般的に心理学統計では，平均値を代表値として使用します。そのため，ここから先では，基本的には平均値をデータの代表値として使用します。

1-1-7 度数分布・ヒストグラム

- 度数分布：どの値がどの程度存在するかをまとめた情報。
- ヒストグラム：度数分布を連続する柱で示した図。

要約統計量を用いずに，データ全体の特徴を把握する際には，**度数分布**を用いると便利です。度数分布とは，**データ内にどの値がどれだけ存在するかという情報**です。さきほどのお小遣いデータ（表1-1）においては，

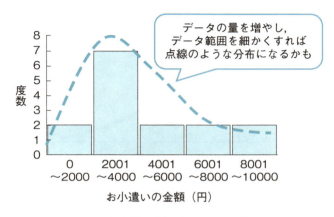

図1-6　お小遣いデータのヒストグラム

3000円が3回，2500円と8000円が2回，ほかの数値は1回ずつ登場しました。このようなデータは表1-1のような形で示されることもあります。しかし，データ数が多い場合には，表を使ったデータの特徴の把握が困難であるため，**ヒストグラム**とよばれるグラフを使用します。

ヒストグラムでは，縦軸がデータの数（頻度・度数）を示し，横軸がデータの値（の範囲）を示します。ヒストグラムにおける度数は，ある決められた範囲内のデータの個数であり，度数は柱の高さとして表現されます。表1-1のお小遣いデータをヒストグラムとしてプロットしたのが，図1-6です。データの量をもっと増やし，データ範囲も細かくしていけば，最終的には点線のような度数分布が見られるかもしれません[9]。

図1-6を見ると，2001円〜4000円のお小遣いをもらっている学生がもっとも多いことがわかります。2001〜4000円の箇所がもっとも度数が高くなっていることは，最頻値が3000円であったことと合致します[10]。

今回のお小遣いデータのように，分布の頂点が左側に偏ったデータにおいては，中央値は最頻値よりも右側（データの値としては大きい値），平均値はそれよりもさらに右側に位置することが一般的です（図1-7）。実

---

[9] 線で表現する場合は，ヒストグラムではなく度数分布図とよばれることがあります。折れ線ではなく滑らかな線の場合には，実数ではなくモデルを通した関数表現であることが一般的です。
[10] ヒストグラムにおいて，1つの柱で表現されるデータのカウント範囲は任意です。今回はデータが少ないため，2000円区切りという比較的広い範囲設定をしています。

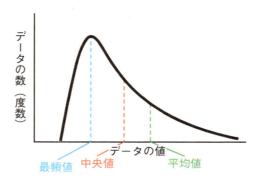

図1-7　度数分布と各代表値

際に，今回のデータの最頻値は3000円，中央値は3500円，平均値は4600円であるため，この特徴に合致します。ちなみに，後に紹介する**正規分布という左右対称のデータ分布では，これら3つの代表値はすべて同じ値**となり，度数分布上では同じ場所に位置することになります。

 1-1-8　ばらつきの指標の重要性

　論文などにおいてデータの特徴を記述する際は，平均値などの代表値とばらつきの指標の2つをあわせて使用することが一般的です。度数分布において，平均値などの代表値は，データの中央の位置をさし示します。一方で，ばらつきの指標は，分布の広がり（横幅）を示します。これらの2つの指標を用いることにより，論文の読者はある程度正確にデータのイメージをつかむことができます。

　たとえば表1-3のような，A群とB群のお小遣いに関するデータを使って，ばらつきの指標の重要性を考えてみましょう。A群とB群のデータの平均値はともに4600円ですが，標準偏差はそれぞれ2847.2円と904.1円です。つまり，A群とB群は，平均値は同じである一方で，データのばらつき方は大きく異なります。このばらつきの違いは，図1-8のようにヒストグラムとして表現するとさらにわかりやすくなります。

　この例のように，平均値（代表値）が等しくても，データの分布が大き

表1-3 2群の異なるお小遣いデータ

	お小遣いの金額（円）	
	A群	B群
1	500	3400
2	1000	3500
3	2500	3800
4	2500	3900
5	3000	4000
6	3000	4100
7	3000	4200
8	3500	4500
9	4000	4500
10	5000	4600
11	6000	5000
12	8000	5200
13	8000	5700
14	9000	6000
15	10000	6600
平均値	4600.0	4600.0
標準偏差	2847.2	904.1

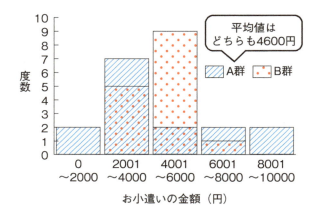

図1-8 平均値が同じでばらつきが異なる2つのデータ

く異なることは珍しくありません。そのため，論文やレポートでデータを記述する際には，**平均値と標準偏差の両方を報告する**必要があるのです。

1-1-9 正規分布

> ● 正規分布：左右対称の山型のデータ分布。平均値付近の度数がもっとも高く，平均値±1標準偏差の範囲に全データの68.3%が，平均値±2標準偏差の範囲に全データの95.4%が含まれる。

　心理学における実験研究では数人から数十人を，調査研究では数十人から数百人規模のデータを取得します。このような比較的大きなデータに対しても，平均値と標準偏差といった統計量を用いることによって，そのデータ分布についておおよその見当をつけられます。これは，**心理学研究で扱う多くのデータが正規分布に従う**，という経験的事実にもとづいています[11]。

　正規分布は，心理学統計においてもっとも一般的な確率分布であり，統計学者のC.F.ガウスが発見したため，ガウス分布とよばれることもあります[12]。図1-9に，**平均値を0，標準偏差を1とする正規分布**を示します。正規分布は，平均値を頂点とする山型の分布です。図1-9におけるグラフの縦軸はデータ全体に占める割合（%）となっている点に注意してください。横軸の値は標準偏差を単位として示しています。そのため，横軸に示されている「−2」は「平均値から標準偏差2個分を引いた値（Mean−2SD）」を意味します。たとえば，平均値が50点，標準偏差が10点である場合，Mean−2SDは30点となります。

　図1-9の正規分布をみると，まず，**平均値を頂点としたなめらかな山型**のデータ分布になっていることがわかります。次に，分布は平均値を中心に左右対称であり，山の裾野は傾斜がゆるやかであることもわかります。これは，平均値に近いデータの数がもっとも多く，平均値から離れるにつ

---

[11] 心理学研究で扱うすべてのデータが正規分布に従うわけではなく，ほかの分布をもつデータも知られています。
[12] 正規分布の厳密な定義は数式を用いないと表現できないため，詳しい説明は省略します。

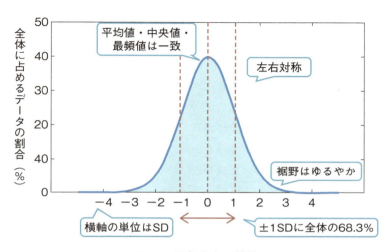

図1-9 正規分布の特徴

れ，データの数が少なくなることを示しています。

さらに，正規分布の大きな特徴は，**平均値±1SDの範囲にデータの68.3%が含まれる**という点にあります。また，**平均値±2SDの範囲には，データの95.4%が含まれます**。正規分布はこのような特性をもつため，平均値と標準偏差の値さえわかれば，データ全体についての分布を推測することができるのです。論文などで一般的に報告するべき要約統計量が平均値と標準偏差の2つであるのも，このような事情に起因します。

 ## 1-1-10 正規分布とデータ数

- 母集団データ：多くの分析手法において，正規分布をしていると仮定されている。
- サンプルデータ：データが小さい場合は，綺麗な正規分布の形をすることは少ない。

心理学統計で用いる多くの分析手法では，**母集団データが正規分布して**

いることを仮定しています[13]。正規分布する母集団データからランダムにサンプリングした場合，理論的には，サンプルデータも正規分布に従います（図1-10）。しかし，**サンプルデータが小さい場合には，その分布は綺麗な正規分布の形にはなりません**。サンプルデータにおいて，正規分布の特徴がすべて失われるわけではありませんが，データ数が少ないほど，崩れた形状になってしまう可能性が高くなります。この性質を，ヒトの身長の分布を例にとって確認してみましょう。

ヒトの身長のデータ分布は正規分布に従うことが，経験的に知られています。また，政府統計によれば，20〜29歳の日本人男性の平均身長は171.6 cm，標準偏差が5.9 cmだそうです[14]。今回は，仮に母集団が10万人だとして，正規分布する母集団データを作成しました（図1-11d）。母集団データのヒストグラムは，綺麗な正規分布の形をしていることを確認してください。次に，この母集団データ（$n=100{,}000$）からランダムにサンプリングをおこないます。今回は30，100，1000の3種類の大きさのデータをサンプリングしました[15]。まず図1-11aを見ると，データが小さい場合（$n=30$）の分布は，綺麗な正規分布の形をしていないことがわかります。ただし，母集団の平均値（171.6 cm）付近の度数は高くなっており，山型の形状はある程度保たれているようです。一方で，図1-11b，cのように，nを100，1000と大きくしていくと，徐々に綺麗な正規分布に近づいていきます[16]。

心理学の実験や調査で得られるデータの数は，$n=100{,}000$のように大きくなることは稀です。今回の例のように，サンプルデータの数が1000程度では，なめらかな分布形状は得られません。ただし，平均値の度数がもっとも高く，平均値を中心に左右対称であるという特徴は保たれます。多くの統計検定では，母集団に正規分布を仮定し，さらにランダムサンプリングをおこなうことも前提であるため，サンプルデータのヒストグラム

---

[13] このような検定手法をパラメトリック検定とよびます。パラメトリック検定については，ステップ2で詳しく解説します。
[14] 平成24年度 政府統計e-Statによる。
[15] データの数はnumberの頭文字であるnで表現することが多いです。たとえば「今回の実験のn数（えぬすう）は足りている？」ときかれたときには，「実験の参加者数（＝データ数）は足りている？」という意味です。
[16] この現象は，中心極限定理という理論で説明されています。

を作成し，上記のような特徴を確認することが重要です。

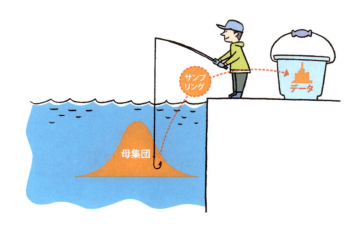

図1-10 正規分布をした母集団からのサンプリング

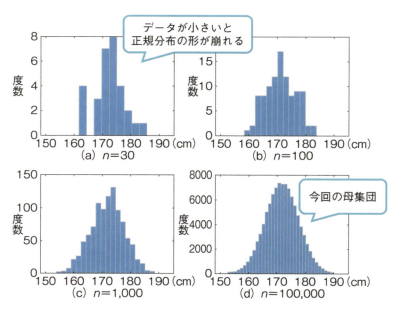

図1-11 サンプルデータの大きさと分布のなめらかさ

1-2 統計的仮説検定

心理学研究では，対象とした実験参加者だけでなく，その背後に仮定される母集団について検討することを目的とします。そのため，得られたデータのパターンが母集団にも一般化できるかどうかを検討しなければいけません。この検討における重要な過程が，統計的仮説検定とよばれる作業です。ステップ1では，統計的仮説検定の数学的な厳密さよりも，わかりやすさを優先した説明をおこないます。具体的には，2群の平均値の比較（t検定）の例を用いて，統計的仮説検定の要点を概説していきます。

1-2-1 得られたデータの一般化

> ● 統計的仮説検定：得られた結果が想定している母集団にも一般化できるかどうかの検討。

統計的仮説検定とは，ある主張（仮説）が正しいかどうかを統計学的な観点から検討することです。1-1節で解説したように，多くの心理学研究では，データの背後に存在する母集団の特徴を知ることを目的としています。そのため，統計的仮説検定とは，**得られた結果が母集団に対して一般化できるかどうか**を，統計学を使って検討することである，と言い換えることができます。ここでいう「得られた結果」とは，たとえば2群の平均値の比較の場合には，2群の平均値のパターン（どちらの群の平均値が大きいか）を意味しており，平均値そのもののことではありません。

統計的仮説検定のイメージをより具体的につかむために，まず，2つの集団のテストの成績を比較することを考えてみましょう。ここで検討したい仮説は，「2つの集団のテストの成績は異なる」というものです。テス

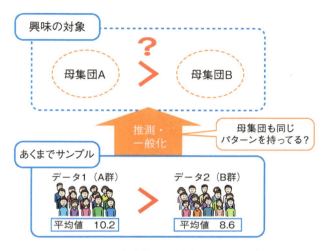

図1-12 統計的仮説検定のイメージ

トの結果，A群の平均値は10.2点，B群の平均値は8.6点になったとします（図1-12）。このデータのパターンは，研究の仮説を支持する結果です。ただし，心理学研究では，今回の実験結果を，参加してくれた学生だけでなく学生全体，あるいは日本人全体に一般化しなければいけません。つまり，もし日本人全体を同様の基準でA群とB群に分けて実験をおこなったとき，今回のサンプルと同様に，テストの成績の平均値がA群のほうがB群よりも高いかどうかを知る必要があるのです。

1-2-2 統計的仮説検定のロジック

　心理学研究においては，多くの場合に，**統計学的手法によって複数の群間の平均値に差があるかどうかを検討**します。ただし，2群間の平均値に"差があるかどうか"だけを問題にすると，常に"ある"という答えが出てきてしまいます。なぜなら，どんなに小さくても，2つの値がまったく同じ値でなければそれは"差"とよばれるためです。ヒトに関して，ある程度大きなデータを取得した際に，2群の平均値が完全に一致することは，ほぼあり得ません。したがって，心理学研究で扱うような2群の平均値に

図1-13　あり得ない差があったら仮定が間違い

は，ほとんどいつでも差は存在するのです．しかし，私たちが知りたいのは，母集団における差です．それでは，実験結果を母集団に一般化するために必要な"差"は，どれだけ大きければよいのでしょうか？

統計的仮説検定では，**単一の母集団からサンプリングしたと仮定するとあり得ないくらい大きな差**がデータとして得られたときに，「2つの母集団の平均値に差がある」と結論します．つまり，「1つの母集団からサンプリングされたものではないため，平均値の異なる2つの母集団から得られたデータである」と，消去法的（背理法）に結論するのです（図1-13）．

1-2-3　1つの母集団と2つのデータ

2群の平均値に関する統計的仮説検定では，「得られた2つのデータが単一の母集団からサンプリングされたことはあり得ない」ことを示さなければいけません．この統計的仮説検定の論理を，比喩的に表現してみましょう（図1-14）．

ある日，雲から雨が降ってきて，2つの池ができました．当然のことながら，これら2つの池の場所は異なっています．その池の近くで遊んでいたカエルは，2つの池を見て考えました．この池をつくった雲は，"1つの雲"だったのだろうか，それとも，"2つの雲"だったのだろうか．なん

と哲学的なカエルでしょう。

どちらの可能性も十分にありますが、母集団の雲はカエルからはるか遠く、確かめることはできません。そこで、諦めの早いカエルは、こう考えることに決めました。まず、**単一の雲が2つの池をつくった可能性を考えよう。そしてその可能性がとても低ければ、きっと雲は2つあったのだろう**、と。このような可能性を考えるためには、単一の雲がどのように雨を降らせるかについての情報が必要です。

図1-14　カエルによる統計的仮説検定

幸い、このカエルは、カエル長老からの言い伝えによって、**単一の雲が降らせる雨の量にかんする分布**を知っていました。たしかそれは、雲の真ん中でもっとも雨が強く、そこから離れるにつれて雨が弱くなっていくという分布だった、ような……。

1-2-4 統計的に有意であるということ

- **有意確率**：得られたデータのパターンが単一の母集団から生じる確率。
- **p値**：有意確率のこと。通常はt値やF値などの推測統計量とともに記述される。
- **統計的有意差**：有意確率が基準より低い場合に、統計的に意味のある差があると判断する。

一般的な統計的仮説検定では、**得られたデータのパターンが単一の母集団から生じる確率を、正規分布を使用して計算**します。前項に登場したカエルが知っていた、雨の量に関する分布も正規分布です。**図1-15a**に示す

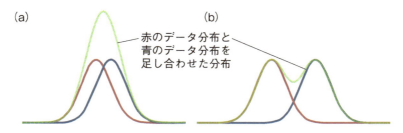

図 1-15　正規分布で考える統計的仮説検定

ように，得られた2群のデータ分布を足しあわせたものが正規分布の形から大きくズレていなければ，2群のデータは単一の母集団からサンプリングされた可能性が高いと考えられます．つまり，2群のデータの平均値差（図では分布の頂点の横軸位置の差）が偶然生じたものである可能性を捨てきれません．いっぽうで，図1-15bのように2群のデータ分布の足しあわせが単一の正規分布の形から大きくズレた場合は，2群のデータは単一の母集団から生じたと考えるよりも，異なる2つの母集団から生じたと考えたほうが妥当です[17]．

　得られたデータのパターンが単一の母集団から生じる確率を，**有意確率**とよびます．有意確率は，probabilityの頭文字をとって***p*値**ともよばれます．有意確率があらかじめ決められた基準よりも低い場合には，2群の平均値には**統計的に有意な差がある**と判断し，「母集団においても，得られたデータと同様のパターンが存在するはずだ」と結論します．統計的に有意な差というのは「統計学的に意味のある差」を意味し，得られた結果を母集団へ一般化するために必要な1つの条件となっています．

　これまで解説した統計的仮説検定の流れを図1-16に示します．この図からわかるように，「2群の平均値差が統計的に有意である」という判断は，とてもややこしい手続きを経てくだされるものです．しかしながら，

---

[17] この考え方は，イメージであり，実際の統計的仮説検定では2つのデータ分布を足し合わせることはしません．

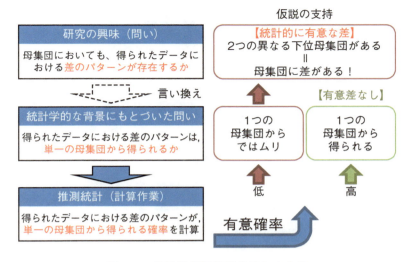

図1-16 統計的仮説検定の流れまとめ

　この手続きをしっかり理解しないと，心理学統計を正しく使用することができません。たとえ時間がかかったとしても，ここで示した考え方を身につけておきましょう。

　繰り返しになりますが，統計的仮説検定に関する要点を改めて2点まとめます。1つめは，**統計的仮説検定は得られたデータに関する検討ではないこと**です。統計的仮説検定は，得られたデータにもとづいて，母集団に対する推測をおこなうプロセスです。2つめは，**有意確率は「差がある／ない」確率ではない**ということです。有意確率が示すのは，得られたデータが単一の母集団から生じる確率です。この2点は勘違いが多い点ですので，よく注意してください。

1-2-5 有意確率・危険率

- 危険率：「統計的に有意な差がある」という主張が間違う確率。有意水準を言い換えたものとして使われることが多い。

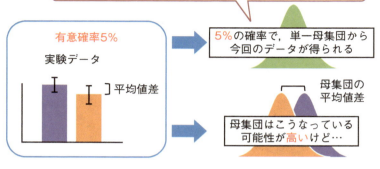

図1-17 有意確率と危険率

　統計的有意差の判断に使用される有意確率の値は，**危険率**とよばれることがあります。有意確率は，**2群のデータが1つの母集団から得られる確率**です。つまり，統計的仮説検定において「2群のデータに有意差がある」と主張する場合の**有意確率は，その主張が誤りである確率**を意味しています。

　たとえば，2群の平均値に関する推測統計の結果，有意確率が5%だった場合を考えてみましょう。これは，その2群のデータが単一の母集団から生じる可能性が5%であるということです。そのため，おそらく2群のデータは単一母集団からサンプリングされたものではなく，それぞれ平均値の異なる2つの母集団からサンプリングされた可能性が高い，と結論されます。

　しかしながら同時に，有意確率が5%であるということは，**2群のデータには本当は有意差がないにもかかわらず，20回に1回（＝5%）は偶然によって2群のデータに差が生じてしまう**ことを意味します（図1-17）。このように，有意確率は「有意差がある」という主張が間違う確率を示しているという点で，危険率とよばれるのです。

1-2-6 有意差あり・有意差なし

- **有意水準**：統計的に有意な差がないかどうかを判断する基準。心理学では慣習的に5％が用いられる。危険率ともよばれる。
- ***n.s.***：not significantの略。統計的な有意差が得られなかったことを意味する。

統計的に有意な差があると判断されるのは，有意確率が基準より低い場合です（図1-18）。この基準を**有意水準**とよび，心理学の分野では慣習的に5％という値が使用されています[18]。そして，検定の結果得られた有意確率が5％を下回った場合には，「**2群の平均値には統計的に有意な差がある**」と結論します。一方で，有意確率が5％以上であった場合は，統計的には「得られたデータは，平均値の異なる2つの母集団を仮定しなくても説明できる」と考えます。このような場合には「**2群の平均値には統計的に有意な差がない**」と結論され，***n.s.*（not significant）**と表記されます。

ここで注意しなければいけないのは，統計学的に有意な差がないことは，得られたデータの平均値に**「差がない」ことを意味しているわけではない**という点です。そうではなく，今回のデータのパターンは単一の母集団からでもある程度高い確率（5％以上）で得られる，ということを意味

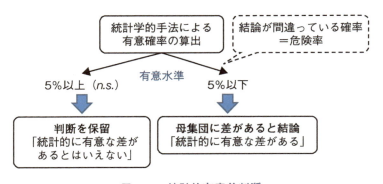

図1-18　統計的有意差判断

---

[18] 有意水準の5％という数字自体には，明確な理由はありません。

しています。したがって，統計的に有意差が得られなかった場合には，「差がない」と主張するのではなく，「**母集団についての判断を保留する**」という態度をとることが適切であるとされています。

1-2-7 有意水準のレベルと表記

- 有意差なし：有意確率が5％より大きい場合（$p>0.05$ あるいは *n.s.*）。
- 5％水準で有意差あり：有意確率が5％未満で，1％より大きい場合（$p<0.05$）。
- 1％水準で有意差あり：有意確率が1％未満で，0.1％より大きい場合（$p<0.01$）。
- 0.1％水準で有意差あり：有意確率が0.1％未満の場合（$p<0.001$）。

さきほど，心理学における有意水準は5％といいましたが，これはもっとも低いレベルの有意水準であり，もう少し高いレベルの有意水準が用いられることもあります。それが，1％水準と0.1％水準です。したがって，心理学の分野では，有意確率が5％以上のときは**有意差なし**，有意水準が5％〜1％までを**5％水準で有意差あり**，1％〜0.1％までを**1％水準で有意差あり**，0.1％未満を**0.1％水準で有意差あり**という，全部で4段階の評価が存在します（図1-19）。

これらの有意水準は，**どれだけの自信をもって2群の平均値に有意差があるといえるかどうか**を意味しています。つまり，5％水準よりも0.1％水準で有意差があった場合のほうが，より有意差がある確率が高いということができます。ここで注意しなくてはならないことは，**有意水準は2群の差の大きさを示すものではなく**，統計的判断結果に対する自信の程度であるという点です（すなわち，p値が小さいほうが，母集団に差があると自信をもって主張することができます）。そのため，5％水準で有意になったときのほうが，0.1％水準で有意になったときとくらべて2つの母集団の平均値差が大きいとはいえません。もし差の大きさを統計学的に検討した

Step1 | なにはともあれ覚えよう

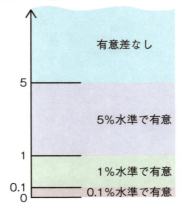

図1-19　有意確率と有意水準

いときには，**効果量**という統計量を使うことができます。効果量に関しては3-7節で解説します。

1-3 t検定

　この節では，統計的仮説検定としてもっともポピュラーな手法である，t検定を紹介します。t検定は，2群の平均値を比較する際に用います（**図1-20**）。そのおおまかな仕組みと結果の解釈方法，およびt検定を実施する際のオプションの指定の仕方を学んでいきましょう。検定統計量の算出に関する詳細な数学的背景はステップ2で解説します。まずは，t検定を正しく実施し，結果を適切に解釈できるようになることをめざしましょう。

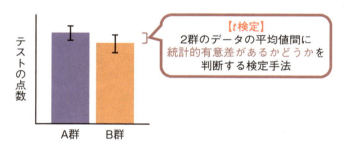

図1-20　t検定

1-3-1　2群の平均値の比較

- t検定：2群の平均値差を統計学的に検討する手法。

　1-2節では，A群のテストの得点の平均値とB群のテストの得点の平均値を比較する例を示しました。このように，**2群のデータの平均値間に統計的有意差があるかどうかを判断する検定手法**をt検定とよびます。

　t検定は，2群の平均値差の比較に限られた検定手法であり，群の数が3

つ以上の場合には，ほかの検定手法を用います。表1-4に，t 検定を使用する比較の例を挙げます。どの例も2群のデータの比較となっていることを確認してください。

表1-4 こんなときに t 検定

従属変数[19]	要因・独立変数 （括弧内は水準の例）
テストの得点	クラス（A組，B組）
身長	性別（男，女）
反応時間	刺激呈示位置（左，右）

1-3-2 ボタン押し実験

　ここからは，心理学実験を例にして解説を進めていきます。まずは，実験の説明をしましょう。実験では，ディスプレイに十字マーク（以下，「刺激」とよびます）がランダムなタイミングで表示されます。実験参加者は，刺激が現れたことに気づいたら，なるべく早くボタンを押します[20]。ボタンは1つしかなく，常に右手で反応します（図1-21）。刺激が呈示される位置はディスプレイの右側・左側のどちらかです（呈示位置条件）。このような実験課題において，刺激が画面に呈示されてからボタンを押すまでの時間（反応時間）を測定します。この実験パラダイムを「ボタン押し実験」とよびます。また，この実験は後の説明でも使用するため，だい

図1-21　ボタン押し実験

[19] 従属変数とは測定する値，独立変数とは実験において検討する要因を指します。
[20] 心理学の分野では，単純反応課題という名前で知られています。

たいの手続きは忘れないようにしておいてください。

この実験をおこなうと，反応時間が20データ（2呈示位置×10人分）得られます[21]。これらのデータを図1-22aにまとめました。実験条件ごとに反応時間が並んでおり，データの下には平均値と標準偏差を示しました。また，それらの値をわかりやすく示すために，図1-22bに同じデータを棒グラフとして表現しています。論文などでは，平均値の比較をわかりやすく表現するために，表よりも棒グラフや折れ線グラフを用いるのが一般的です。

棒グラフの縦軸は反応時間，横軸は実験条件（刺激呈示位置）を示しています。それぞれのバー（棒）の高さは，それぞれの条件における10人分の反応時間の平均値を示しています。また，そのバーの上側についてい

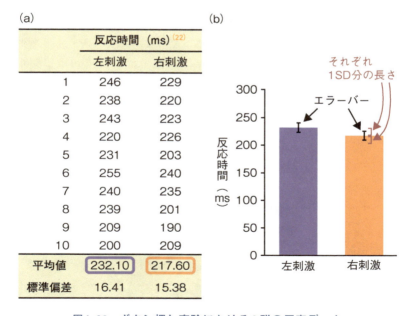

図1-22　ボタン押し実験における2群の反応データ

---

[21] 心理学実験では，同じ刺激を何度も呈示して，それらの反応時間の平均値をとったうえで，さらに個人間のデータの平均をおこなうのが一般的です。しかし，今回は説明を簡単にするため，使用する各参加者のデータは平均値ではなく，1回の反応であると仮定します。

[22] msはミリ秒のことであり，1ミリ秒＝0.001秒です。

るアルファベットのアイ（I）のような線は**エラーバー**とよばれます。エラーバーの長さは，平均値±1標準偏差（Mean±1SD）を表すことが一般的です。たとえば，今回の例の右刺激に関するエラーバーは，平均値（217.60）から上方向に標準偏差1個分（217.60＋15.38），下方向に標準偏差1個分（217.60－15.38）の範囲で示されています。

1-3-3 t 検定による有意差検定

2群のデータの平均値差は約15 ms（右刺激217.60 ms，左刺激232.10 ms）です。今回の実験では，右刺激に対する反応のほうが左刺激に対する反応よりも速い，という結果になりました。では，この結果のパターンは母集団に対しても一般化できるのでしょうか。t 検定を用いて，2群の平均値差が統計的に有意であるかどうかを検討してみましょう。

ステップ1では計算方法の詳細は抜きにして，**t 検定における検定統計量の使用方法と解釈**を重点的に解説します。そこで，データを食べさせると統計結果を吐き出してくれるき・り・んに登場してもらいましょう（**図1-23**）。このきりんは，みなさんが使う統計ソフトだと考えてください。

図1-23　統計きりん

1-3-4 t 値，自由度，p 値

- t 値：t 検定における検定統計量。t 値が大きいほど，2群の平均値間に有意な差がある確率が高い。
- 自由度：データ数を基準に決定される。df と表記されることが多い。
- p 値：有意確率のこと。5%より低ければ有意な差があると判断される。

きりんにお願いして，図1-22の2群の反応時間データに対して t 検定を実施すると，「$t=3.18$, $df=9$, $p=0.011$」という結果が得られます。この式において，「$t=3.18$」は **t 値** が3.18であること，「$df=9$」は **自由度** が9であること，「$p=0.011$」は **p 値** が1.1%であることを意味します。t 値，自由度，p 値とは何か，簡単にみていきましょう。

t 値とは t 検定における検定統計量です。自由度とはデータ数によって決定される値です。ただし，その正確な理解は本書の範囲を超えるため，とりあえずは「データ数によって決定されるもの」とだけおぼえておいてください。p 値は 1-2節 ですでに学んだ有意確率です。今回の検定結果では，p 値が0.05未満0.01以上，すなわち5%未満1%以上です。したがって，2群の平均値には5%水準で有意な差がある，と結論することができます。

今回のような結果は，論文やレポートでは，「**右刺激への反応時間の平均値は左刺激よりも有意に短かった**（$t(9)=3.18$, $p<0.05$）。」と表記します[23]。このとき注意すべきことは，「有意な差があった」とだけ述べるのではなく，どちらの値のほうが大きかったのか，差の方向（大小関係）が明らかになるように記述することです。また，有意差がなかった場合は，「**右刺激と左刺激への反応時間の平均値には統計的に有意な差はみられなかった**（$t(9)=0.12$, $n.s.$）。」のように表記します。t 検定の結果の表し方を図1-24にまとめました。

---

[23] 論文のスタイルによっては，比較を表す不等式ではなく，具体的な p 値を記載することもあります（例．$t(9)=3.18$, $p=0.011$）。

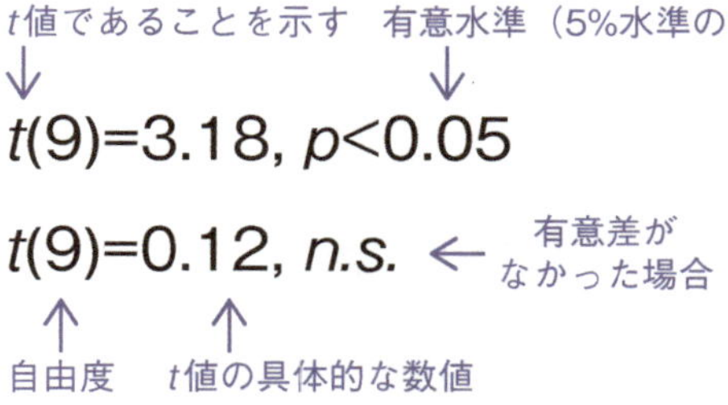

```
                t値であることを示す  有意水準（5%水準の場合）
                       ↓              ↓
                   t(9)=3.18, p<0.05

                   t(9)=0.12, n.s.  ← 有意差が
                     ↑     ↑           なかった場合
                   自由度  t値の具体的な数値
```

図1-24　t検定の結果の読み方

1-3-5 有意差のメカニズム

> ● 有意確率に関する2つの法則：
>   ① t値の絶対値が大きくなるほど，有意確率は小さくなる。
>   ② 平均値が一定であれば，自由度が大きくなるほど，有意確率は小さくなる。

　t検定における統計的有意差の判断は，通常は，きりんのような統計ソフトがt値，自由度，有意確率（p値）のすべてを計算してくれます。そのため，私たちはt値やp値の計算については，ふだんは何も考えなくてもすみます。しかしながら，統計的有意差の判断結果を適切に解釈するうえでは，t値，自由度，p値の関係を正しく理解しなければいけません。そこで，まずは有意確率に関する2つの法則をおぼえましょう（**図1-25**）。

　1つめは，「**t値の絶対値が大きくなるほど，有意確率は小さくなる**」です。データをもとに計算され，きりんから吐き出されるt値が大きくなるほど，有意確率は小さくなります[24]。2つめは，「**平均値差が一定であれば，自由度が大きくなるほど，有意確率は小さくなる**」です。自由度はデータの数に依存します[25]。そのため，2つめの法則は，データ数が増える

---

[24] t値は，「群間のばらつき÷群内のばらつき」で計算され，偶然発生する誤差に対して，2群の平均値差がどれだけ大きいかを反映します。t値についての数学的理解については，ステップ2で詳しく解説します。

[25] 対応のあるt検定においては，「自由度＝1群のデータ数－1」です。対応のないt検定においては，「自由度＝全データ数－2」です。t検定における対応の有無については 1-3-7 で解説します。

図1-25 *t*値,自由度,有意確率の関係

ほど有意確率が小さくなることを意味します。そしてもちろん,有意確率が小さくなるということは,2群の平均値間に有意な差があると判断されやすくなるということです。

1-3-6 *t*検定のオプション

- 対応の有無:2群のデータの関係性によって決定される。
- 片側・両側検定:検討する仮説によって決定される。

*t*検定をおこなう際には,選択すべきオプションが2つあります。この2つのオプションは,手計算をするときにも統計ソフトを使うときにも,必ず考慮しなければいけません。きりんにデータを渡すと同時に,食べ方についても指定しなければいけないようなものだと思ってください。

2つのオプションのうちの1つは,**対応の有無**とよばれるものです。対応の有無は,**2群のデータの関係性によって決定されます**。もう1つのオプションは,**片側・両側検定**とよばれるものです。片側検定と両側検定のどちらを選択するかは,**検討する仮説の内容によって決まります**。対応の有無や両側・片側検定のオプションを正しく選択しないと,適切な検定結果が得られません。これから,これら2つのオプションについて,順に解説していきます。

1-3-7 対応の有無

- 対応：2つのデータがある場合に，片方のデータとペアになる要素がもう一方にもあること。
- 対応のあるt検定：2群のデータ間に対応がある場合に使用する。
- 対応のないt検定：2群のデータ間に対応がない場合に使用する。

対応とは，**2つのデータがある場合に，片方のデータとペアになる要素がもう一方にもあること**を意味します[26]。ボタン押し実験の例を使って説明をしていきましょう。じつはさきほどのt検定の例では，大事なことを曖昧にしたまま説明していました。すなわち，右刺激と左刺激に対する反応時間のデータが同じ実験参加者から得られたのか，それとも異なる参加者から得られたのかという区別を明確にしてきませんでした。**2群のデータが同じ参加者から得られた場合**には，2群のデータは**対応のあるデータ**となります（図1-26a）。いっぽうで，**2群のデータが異なる参加者から**

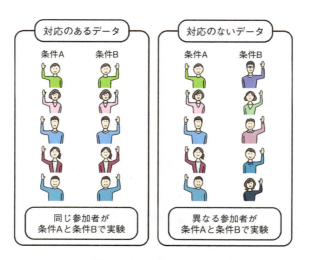

図1-26　対応のあるデータとないデータ

---
[26] 対応とは，厳密には，正の相関関係をさします。ただし検定を用いるうえでは，正の相関関係がなくても，2つのデータが一対一の関係をもっていれば，対応があると表現されます。

得られた場合には，**対応のないデータ**となります（図1-26b）。これら2種類のデータに対しては，t検定における検定統計量（t値）の計算方法が異なります。具体的な計算方法の違いについてはステップ2で解説しますが，一般的に，対応のあるt検定のほうが，有意な差が検出されやすくなります。

t検定における対応の有無の違いが検定結果に与える影響を比較するために，同じデータを用いて2通りの検定をおこなってみましょう。まず，図1-22aのデータに対して，**対応のあるt検定**の方法を用いて計算すると，さきほど見たように，$t(9)=3.18$, $p=0.011$ という検定結果となります（$t(9)=3.18$, $p<0.05$）。次に，**対応のないt検定**を用いると，検定結果は$t(18)=1.93$, $p=0.068$ となり，有意差はないという結論が導かれます（$t(18)=1.93$, $n.s.$）。

このように，どちらの方法で検定をおこなうかが研究結果を大きく左右してしまいます（図1-27）。私たちがおこなう研究においては，このような検定結果の違いは一大事です。そのため，統計検定をおこなう際には，必ずデータの性質にあった検定を選んでいるかどうかを確かめる必要があ

図1-27　対応の有無によって検定結果は変わることがある

ります。ちなみに，すべてのデータにおいて対応がない限り，対応のあるt検定を適用することはできません。

1-3-8 対応のあるt検定における検定力

> ● 検定力：母集団に差があるときに，正しくそれを検出する力。

　対応の有無によるt検定の結果の違いは，それぞれの検定方法の**検定力**の違いに起因します。検定力とは，**母集団に差があるときに，正しくそれを検出する力**です。対応のあるデータを比較した場合は，両群に同じ参加者から得られたデータが含まれます。このような場合には，参加者間のばらつきも両群で等しいと考えられます。対応のあるt検定では，この参加者間のばらつきを考慮することによって，検定力を高めることができるのです。

　たとえば，2つのボールの重さを比較する場合の信頼性を考えてみましょう（**図1-28**）。ひとつの条件では，同じ人が2つのボールをもってそれぞれの重さを推定します。もう一方の条件では，異なる人がそれぞれのボ

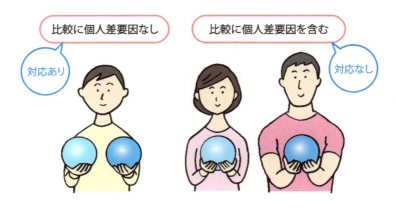

図1-28　対応の有無と比較の信頼性

ールの重さを推定します。前者の条件が対応あり，後者の条件が対応なしです。両条件では，最終的に2つのボールの重さの推定値を比較する作業は共通です。しかし，同じ人が推定した値を比較したほうが，異なる人が推定した値を比較する場合よりも信頼性のある結論が出せそうです。これは，**対応がある場合には個人差によるデータのばらつきが存在せず，対応がない場合では存在する**ためです。このような理屈から，対応ありのt検定は対応なしのt検定にくらべて検定力が高くなります。この仕組みについては，ステップ2において数学的な背景とともに，詳しく解説します。

1-3-9 片側検定と両側検定

- 差の方向：2つの群の平均値のどちらが大きいかについての情報。
- 片側検定：仮説として差の方向が決定されている場合に使用する検定方法。同じデータを使用した場合でも，有意差が検出されやすい。
- 両側検定：仮説として差の方向が決定されていない場合に使用する検定方法。

次に，片側検定と両側検定について説明します。1-3-6で述べたようにt検定を実施する際には，対応の有無に加えて，このオプションも必ず指定しなければいけません。片側検定と両側検定のどちらを選ぶべきかは，検証する仮説の内容によって決定されます。一般的に**心理学研究では，あらかじめ明確な仮説を立てたうえで，実験・統計検定をおこないます。**たとえばボタン押し実験の場合には，「条件Aよりも条件Bのほうが反応時間が短い」という仮説を立てます。言い換えると，心理学研究では「条件Aと条件Bの反応時間に差がある」という，**差の方向**が曖昧な仮説を立てることはあまりありません。

差の方向が決定されている仮説が支持されるためには，2群に**有意な差があるかどうかだけでなく，特定の群の平均値がもういっぽうよりも有意に大きい**必要があります（図1-29）。そのため，もし2群の平均値間に有

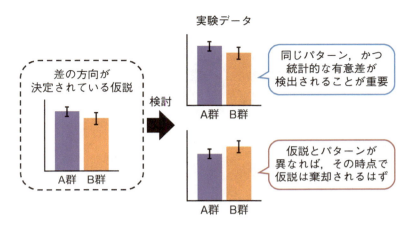

図1-29 差の方向が決定されている仮説の検討

意な差があったとしても、それが仮説と逆のパターンであったとしたら、仮説が支持されたとはいえません。

仮説によって差の方向が決定されている場合には、**片側検定**を用います。これに対して、仮説として差の方向が明確に設定されておらず、漠然と「差があるかどうか」を検討する場合には、**両側検定**という手法を用います。片側検定と両側検定では、検定力が異なります。片側検定では、仮説と逆のパターンが得られた場合には、t検定の結果にかかわらず仮説は支持されません。ただし、そのような制約がある一方で、両側検定よりも検定力が高いというメリットがあるのです。

1-3-10 片側検定における検定力

なぜ片側検定の方が両側検定よりも検定力が高くなるのかについて、確率分布のグラフをもとに考えてみましょう。**図1-30**は、片側検定と両側検定の検定力の違いを概念的に示しています。青く色が塗られている範囲が、5％の有意水準で有意になる範囲です。グラフ中の点線は、有意水準を満たすt値の下限を示しています。この点線より外側にt値が含まれれ

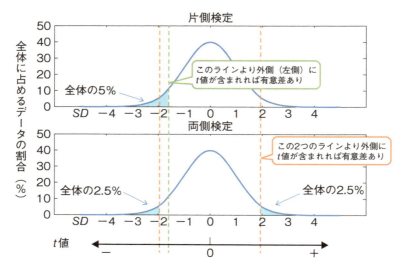

図1-30　正規分布における片側5％と両側5％の違い

ば，有意差があると判断されます。片側検定の t 値の下限は緑色で1本のみです。一方，両側検定の t 値の下限はオレンジ色で，グラフの両側に1本ずつあります。つまり，片側検定では，点線の左側に t 値が含まれると有意差あり，両側検定では2本の線のどちらかの外側に t 値が含まれると有意差あり，と判断されます。また，グラフ下側に示したとおり，t 値はプラスとマイナスどちらかの値を取ります。これは，比較する2群の平均値のどちらが大きいかによって，t 値の符号が変わるためです。また，片側検定の場合は，仮説で設定した差の方向によって，有意だと判断されるための t 値の下限値の位置が変わります（今回のグラフではマイナス側に設定してあります）。

　次に，それぞれの点線の位置に注目してみましょう。片側検定のほうが，両側検定よりも，内側（t 値の絶対値が小さい方向）に点線があります。そのため，**差の方向が仮説と一致している場合には，片側検定は両側検定と比較して，有意差があると判断される範囲が広くなります**。この仕組みによって，片側検定の場合には，より小さな t 値でも，2群に有意差

があると判断されやすくなるのです。

　もう一度，片側検定についてまとめましょう。たとえば，実験の仮説を「A条件のほうがB条件よりも反応時間が短い」とした場合には，必ず片側検定を選ばなければいけません。その際，仮説で設定したパターンと，実験の結果得られた平均値のパターンが逆だった場合には，統計検定にかけるまでもなく実験の仮説は棄却されます。その代わり，片側検定において，仮説と実験結果のパターンが一致していた場合には，両側検定の計算よりも有意差判断の基準となるt値の下限値（の絶対値）が小さく設定されることにより，**有意差が得られやすくなります。**

1-4 1要因の分散分析と多重比較

　この節では1要因の分散分析と多重比較を扱います。前節では，2群の平均値差についての有意性判断にt検定を用いることを学びました。一方で，比較する群の数が3つ以上になった場合は，分散分析という検定方法を用います。統計的仮説検定としての基本的な考え方はt検定と同じですが，分散分析は有意"差"の検定ではないことに注意しましょう。まずは，分散分析の中でもっとも単純な1要因の分散分析，そして事後の分析である多重比較を解説します。

1-4-1　1要因の分散分析

- 分散分析：3群以上のデータの差（ばらつき）が，要因の効果によるものかどうかを調べる検定手法。
- F値：分散分析の有意性判断に用いられる検定統計量。
- 要因：測定した変数に影響を与えると考えられる変数。
- 水準：ある要因によって群分けされたデータ，あるいは群そのもの。

　分散分析とは，**3群以上のデータの差（ばらつき）が，要因の効果によるものかどうかを調べる検定手法**です[27]。分散分析で使用する検定統計量は F値です。t検定と同様，計算によって得られたF値にもとづいて有意確率が決定され，統計的有意性の判断がおこなわれます。そして，分散分析において新たに登場する重要な概念が**要因**です。要因とは，従属変数に影響を与えると考えられる変数のことで，実験計画上の独立変数に相当します。

---

[27] t検定のように2群の平均値差の検定がおこなえないわけではありませんが，そのような場合はt検定を用いるのが普通です。

たとえば，実験条件が3種類ある場合を考えてみましょう。まず，**図1-32**のような3群の平均値を比較するような統計デザイン[28]を，**1要因3水準の分散分析**とよぶことをおぼえてください。1要因の分散分析では，1つの要因によって群分けがおこなわれます。要因によって分けられた群のことを統計デザイン上は**水準**とよびます。**図1-31**における水準は，A群，B群，C群の3つです。1つの要因によって分けられたデータの群数

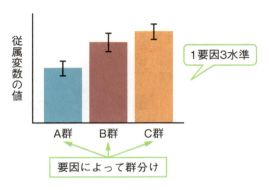

図1-31　1要因3水準分散分析

表1-5　こんなときに1要因分散分析

従属変数	要因・独立変数 (括弧内は水準の例)
テストの得点	クラス (A組，B組，C組)
野菜の値段	季節 (春，夏，秋，冬)
反応時間	刺激呈示位置 (左，中央，右)

が4つあれば，1要因4水準の分散分析とよばれます。1要因の分散分析を使用するのが適切な要因と水準の組みあわせの例を，**表1-5**に示します。

1-4-2 分散分析における要因の効果

- 要因の効果：要因による群分けが，群間の平均値をばらつかせること。

具体的な検定の説明の前に，分散分析で検討する**要因の効果**について説明します。分散分析では，各水準の従属変数に対して要因が"効果"を与えたかどうか，という観点から検討をおこないます。要因の効果とは，**要**

---

[28] 統計デザインとは，要因，水準，従属変数の種類や数についての組みあわせを意味します。統計計画とよばれることもあります。

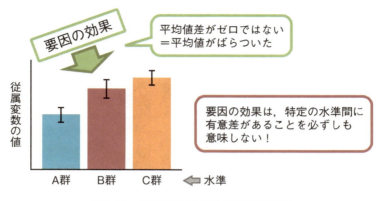

図1-32　分散分析における要因の効果

因による群分けが，**群間の平均値をばらつかせること**をさします。群間の平均値がばらつくというのは，各群の平均値が一致しないことです。したがって分散分析は，各水準（たとえばA・B・C群）の平均値が一致しないことを示す検定手法であるといえます（図1-32）。

　扱う群の数が多いため，分散分析は難しいように感じられるかもしれませんが，その背後にある**計算原理という点では，分散分析はt検定とまったく同じ**です。なぜなら，どちらの検定も，得られたデータが単一の母集団から生じる確率を計算して，その確率に基づいた判断をくだすためです。もし各水準（3水準でも5水準でも）が単一の母集団からサンプリングされていたとしたら，各水準の平均値は一致するはずです。逆に，各水準の平均値が一致していないと判断された場合には，それらすべての群に共通のひとつの母集団を仮定することに無理が生じます。このように，統計的仮説検定によって有意だと判断された場合には，検定の種類にかかわらず，「得られた結果のパターンは，単一の母集団からのサンプリングでは説明できない」という結論がくだされるのです。

　また，統計初学者のみなさんは，「分散分析において有意な要因の効果がある」ことを，「水準間に有意な差がある」ことと勘違いしがちです[29]。これは，上記の説明からもわかるとおり，間違いです。分散分析において

---

[29] 2群間の比較に限ると，「2群間に有意な要因の効果がある」ことは「2群間に有意な差がある」ことと一致します。

「有意な要因の効果がある」ということは、「水準すべての平均値が一致しない」ことのみを意味しており、「各水準間それぞれに有意差がある」ことは意味しません。なぜなら、分散分析は、**結果のパターンが単一の母集団で説明されるかどうか**、のみを検定しているからです。

1-4-3 分散分析の結果の解釈

> ● 主効果：ほかの要因の水準を平均した際の、ある要因が従属変数に与える効果。「主効果が有意であった／有意ではなかった」のように表現する。

1要因3水準分散分析の例として、1-3節で使用したボタン押し実験の刺激呈示条件を3種類に変更したものを考えましょう。さきほどは刺激の呈示位置が「左・右」の2種類でしたが、今回は刺激の呈示位置を「左・中央・右」の3種類とします。このような統計デザインでは、「刺激の呈示位置」が要因となり、「左・中央・右」がそれぞれ水準となります。従属変数は反応時間のままで変わりません。

今回分析するデータを図1-33に示します。3群の平均値と標準偏差はそれぞれ、232.10 ms（$SD=16.41$）、222.90 ms（$SD=13.10$）、217.60 ms（$SD=15.38$）です。

それでは、今回もきりんにデータを渡して、吐き出された検定結果を見てみましょう。図1-33のデータに対して1要因3水準分散分析[30]をおこなったところ、F値は6.49、自由度は2と18、p値が0.0076となりました（$F(2, 18)=6.49$, $p<0.01$）。この結果の読み方を図1-34に示します。基本的に、t検定と読み方は一緒ですが、自由度が2つ記述されていることに注意してください[31]。

この分析結果にもとづくと、「1％水準で呈示位置**要因の有意な主効果があった**」と結論することができます。**主効果**とは、ほかの要因の水準を平

---

[30] 厳密には、"参加者内要因の" 1要因3水準分散分析といいます。参加者内・参加者間という区別については、1-5-7 で説明します。
[31] 2つの自由度の意味についてはステップ2で解説します。

	反応時間 (ms)		
	左	中央	右
1	246	222	229
2	238	229	220
3	243	235	223
4	220	232	226
5	231	201	203
6	255	242	240
7	240	230	235
8	239	219	201
9	209	200	190
10	200	219	209
平均値	232.10	222.90	217.60
標準偏差	16.41	13.10	15.38

$F(2,18)=6.49, p=0.0076$

図1-33　1要因3水準分析のデータ（左）と結果（右）

均した際の，**ある要因が従属変数に与える効果**と定義されます。1要因分散分析の場合は，ほかの要因が存在しないため，結果は要因の主効果に関するもののみが出力されます。

今回，要因の効果が有意であったということは，**刺激呈示位置の変化によって反応時間がばらついた**ことを意味します。また，さきほど述べたように，この結果のみから「特定の2群の平均値間に有意な差がある」とは結論できない点に注意してください。

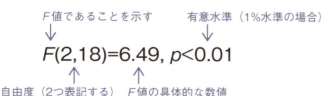

$F(2,18)=6.49, p<0.01$

図1-34　分散分析の結果の読み方

1-4-4 多重比較

- 多重比較：有意水準を調整して，2群の比較を繰り返す方法。

　分散分析によって要因の主効果が示されたことにより，刺激の呈示位置が反応時間に影響することがわかりました．それでは，「A群とB群の差」のように，特定の水準間に有意差があるかどうかを調べるには，どのような手法を用いればよいのでしょうか？

　特定の水準間に統計的に有意な差があるかどうかを調べる場合には，**多重比較**という検定方法を用います．多重比較とは，**有意水準を調整して2群の比較（t検定）を繰り返す方法です**（図1-35）．通常は，3水準以上を含む要因に関して有意な主効果が得られた後に，多重比較が実施されます．多重比較が通常のt検定ともっとも異なる点は，個々の検定の**有意水準が調整される**点です．有意水準の調整の仕方については，これから多重比較の実践を通して解説していきます．

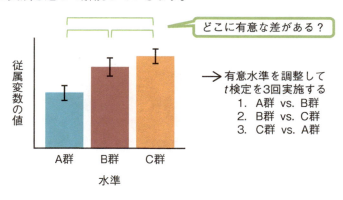

図1-35　多重比較

1-4-5 多重比較の結果の解釈

　それでは，さきほどのデータをもとに，多重比較をおこなってみましょ

う。多重比較には、さまざまな手法がありますが、今回はスタンダードなBonferroni（ボンフェローニ）の方法を用います。Bonferroniの方法の詳しい説明は 1-4-7 でお

表1-6 多重比較の統計値出力結果の例

比較ペア	t値	自由度	p値
右-中央	2.08	9	n.s.
中央-左	1.94	9	n.s.
左-右	3.18	9	$p<0.05$

こないます。ここでは多重比較の結果の解釈の仕方を学びましょう。

さきほどのボタン押し実験のデータ（図1-33）の場合は、3つの比較ペアができるため、合計3回の検定を実施します。表1-6 に多重比較の結果を示します。この検定結果を見ると、右条件は左条件よりも有意に反応時間が短く（$t(9)=3.18$, $p<0.05$）、右条件と中央条件および中央条件と左条件の間には有意な差が得られなかった（$t(9)=2.08$, n.s.; $t(9)=1.94$, n.s.）ことがわかります。

多重比較における検定結果の記述方法は通常のt検定と同じであり、解釈も変わりません。いっぽうで多重比較では、複数回の比較**全体での有意水準が5％になるように**、個々の検定の有意水準を調整します。なぜそのような調整をおこなうのでしょうか。

1-4-6 検定の多重性

> ●検定の多重性問題：検定を繰り返すほど、検定全体でみると誤った主張をしてしまう確率が増えること。

多重比較において個々の検定の有意水準を調整するのは、**検定全体において、間違った主張をしてしまう可能性を一定以下に保つ**ことが目的です。まず、有意確率（p値）が危険率とよばれていたことを思い出してください。有意確率が5％である場合には、**有意差があるという判断が5％の確率で間違っている**ことを意味するのでした。それでは、5％の確率で

全部で3回の検定をおこなう場合、全体としての危険率は約3倍になってしまう！

図1-36　検定の多重性

間違える検定を3回繰り返したらどうなるでしょうか。検定を繰り返すことにより、全体として、1度でも間違いをおかす確率は約3倍になってしまいます（図1-36）[32]。つまり、**検定を繰り返すことによって、どこかで誤った主張をする確率が増えてしまう**のです。このことを、**検定の多重性問題**とよびます。この問題は、5%の確率で当たる宝くじを何度も引いた場合は、そのうち1回でも当たる確率が5%より高くなるのと同じ理屈です。

1-4-7 Bonferroniの方法

- Bonferroniの方法：検定を複数回繰り返す際に、有意水準を調整する方法のひとつ。有意水準を総検定回数で割った値を、個々の検定の有意水準とする。

複数回の検定を実施する際には、検定の多重性問題に起因する危険率の増大を避ける必要があります[33]。そのために、さまざまな多重比較方法が提案されています。その中でもっともスタンダードなものが、**Bonferroni（ボンフェローニ）の方法**です（図1-37）。この方法では、**検**

---

[32] 正確には、3回のうちに少なくとも1回の間違いをおかす確率が、14.3%（＝(1−0.95×0.95×0.95)）となります。
[33] 多重比較とは、危険率を抑えつつ2群の平均値の比較を複数回おこなうことであって、特定の方法をさしません。

全部で3回の検定をおこなう場合,
各検定の有意水準を3倍厳しくする

図1-37　Bonferroniの方法

定全体の危険率が設定された有意水準（5％）を超えないように，個々の検定の有意水準に対して，全体の有意水準（5％）を検定回数で割った値を使用します。たとえば，全部で3回の比較をおこなう場合には，それぞれの検定において5％÷3＝1.667％を新たな有意水準として設定します。また，全部で10回の比較をおこなう場合には，5％÷10＝0.5％が個々の検定の有意水準となります。

　Bonferroniの方法はシンプルで使いやすく，全体としての危険率を確実に目的の水準以下に抑えられます。ただし，この方法では，検定回数の増加に応じて個々の検定の有意水準が厳しく（値が小さく）なってしまいます。そのため，比較する水準数が多くなるにつれ，有意差も出にくくなってしまうという欠点があります。

　Bonferroniの多重比較法の具体的な実施手順を確認しましょう。3水準に対する多重比較は，A群とB群，A群とC群，B群とC群の比較が考えられるため，合計3回のt検定をおこないます。そのため，それぞれのt検定の**有意水準は5％÷3＝1.667％**となります。

　表1-6をもう一度見てください。今回の場合，3つの検定のうち左条件と右条件の比較のみで5％水準で有意差が得られ，その他2つの比較では有意差は得られませんでした。この多重比較では，Bonferroniの方法が用いられたため，個々の検定ではじつは1.667％が有意水準として用いられていたのです。多重比較の結果が統計ソフトから出力される際，および結果を論文で報告する際には，個々の検定の有意水準ではなく検定全体の有意水準（5％）を用いることが一般的です。したがって，みなさんが論文

で多重比較の結果を報告する際には,「多重比較の結果,A群はC群よりも有意に反応時間が短く($t(9)=3.18$, $p<0.05$),A群とB群およびB群とC群の間には有意な差が得られなかった($t(9)=2.08$, $n.s.$; $t(9)=1.94$, $n.s.$)」などと記載してください。

1-5 2要因の分散分析と交互作用

　次は，要因（独立変数）が2つある場合の分散分析を紹介します。これまで解説してきた分散分析は，水準は3つあっても，要因は1つでした。しかし研究によっては，2つ以上の要因の効果を同時に検討する場合があります。このような効果を検討するには，2要因以上の分散分析を用います。2要因以上の分散分析では，1要因の分散分析には登場しなかった交互作用という概念が出てきます。

1-5-1 2要因の分散分析

　たとえば，性別（男・女）とクラス（A組・B組・C組）の違いがテストの成績に与える影響を検討する場合を考えてみましょう。この研究は，性別とクラスという2つの要因がテストの得点に効果を与えると仮定しているため，2要因分散分析を用いることが妥当です。同様に，要因の数に応じて，3要因分散分析，4要因分散分析などを用います。要因の数が増えても，基本的な考え方は同じですので，本節では2要因分散分析のみを解説します。**表1-7**に，2要因の分散分析を使用するのが適切な例を示します。

表1-7　こんなときに2要因分散分析

従属変数	要因・独立変数1 （括弧内は水準の例）	要因・独立変数2 （括弧内は水準の例）
テストの得点	クラス（A組，B組，C組）	性別（男，女）
ダーツの得点	測定時期（練習初日，10日後）	教え方（A，B）
反応時間	刺激呈示位置（左，中央，右）	刺激反応手（左，右）

今回も，引き続きボタン押し実験の例を用いて説明していきます。まず1つめの要因は刺激の呈示位置（左・右）とします。次に，これまでの実験では常に右手でボタンを押していましたが，今回は2番目の要因として，新たに反応する手（左・右）を追加します。このような統計デザインを，**2要因（2×2）の分散分析**とよびます[34]。このように，複数の要因を含む統計デザインの場合には，要因数の後に括弧をつけて，各要因の水準数を示すことがあります。

1-5-2　2要因の分散分析の結果

　今回もデータの分析の計算はきりんにまかせて，検定結果のみを確認していきましょう。2要因以上の分散分析の場合，要因A（刺激の呈示位置）と要因B（反応手）それぞれの**主効果**の検定結果に加えて，要因Aと要因Bの**交互作用**に関する検定結果も出力されます。実験の結果を棒グラフにまとめたものを図1-38に示します。

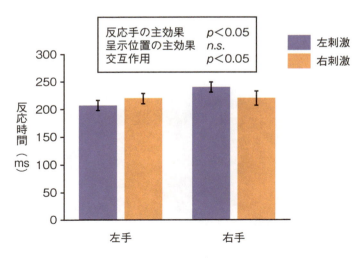

図1-38　2要因分散分析の結果

---

(34) 性別（男・女）とクラス（A組・B組・C組）がテストの点数に与える影響を検討する場合には，2要因（2×3）の分散分析と表記されます。

ボタン押し課題における反応時間に対し，2要因の分散分析をおこなうと，反応手の主効果は有意である（$F(1, 9)=9.05$，$p<0.05$）一方で，刺激の呈示位置の主効果は有意ではない（$F(1, 9)=0.05$，$n.s.$），という結果が得られました。さらに，2つの要因の交互作用が有意である（$F(1, 9)=8.45$，$p<0.05$）という結果も得られました。

　反応手の主効果とは，反応する手の違い（左手か右手か）によって反応時間がばらつく（異なる）ことを意味します[35]。今回の結果においては，左手よりも右手の反応時間が短いという効果です。一方で，呈示位置の主効果は有意ではありませんでした。このことは，刺激を呈示する位置を変化させても，反応時間が変化する可能性はそれほど高くないということを意味します。それでは，交互作用とはどのような効果なのか，考えていきましょう。

1-5-3 主効果と交互作用

> ● 交互作用：主効果の組みあわせでは説明しきれない効果。2要因以上の分散分析で検討される。

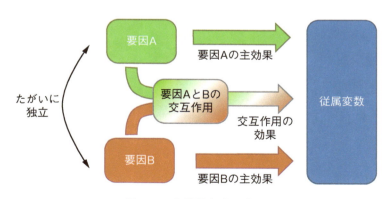

図1-39　主効果と交互作用

---

[35] 2水準の場合の要因の効果は，2水準間の差と捉えても問題ありません。

交互作用とは，**主効果の足しあわせでは説明できない効果**をさします（図1-39）。要因の主効果とは，ある要因における水準間で，従属変数の平均値がばらつくことを意味します。ここで重要なことは，要因の主効果はほかの要因の主効果と"独立"であるという点です。すなわち，ほかの要因があってもなくても，ある要因の効果は変わりません。いっぽうで，**ある要因の効果がもう1つの要因によって変化する**場合は，要因の効果が独立ではない，あるいは「交互作用が存在する」といいます。交互作用は要因が2つ以上ないと生じないため，1要因の分散分析では検討されません。

1-5-4 交互作用がない場合

　交互作用の概念は難しいので，ゆっくりみていきましょう。まずは，2要因の分散分析において交互作用がない場合を考えてみます。交互作用がなく主効果のみがある場合には，ある要因の効果は，他の要因の効果とは関係がありません。そのため，それぞれの要因が各水準の平均値をばらつかせる効果は，**もういっぽうの要因の水準にかかわらず同じ大きさになります**。

　2要因（2×2）の分散分析において，交互作用がなく主効果のみが存在する場合の例を，図1-40に示します。まず，図1-40aは，2つの要因の主効果が同時に存在する状態です。つまり，「右手のほうが左手よりも反応時間が短い」という効果と，「呈示位置が左側のときのほうが右側よりも反応時間が短い」という効果が，お互いに干渉していない状況です。次に図1-40bでは，使用手の効果のみが存在し，呈示位置の効果は存在しません。そのため，刺激の呈示位置によって反応時間に差はありません。重要なのは，左手と右手の反応時間の差の大きさが，呈示位置によって変化していない点です。図1-40cでは，図1-40bとは逆に，使用手の効果は存在せず，呈示位置の効果のみが見られます。つまり，呈示位置の効果は使用手にかかわらず一定です。交互作用がない場合には，このような性質があるため，**データのパターンを要因の主効果の足しあわせで表現する**ことが

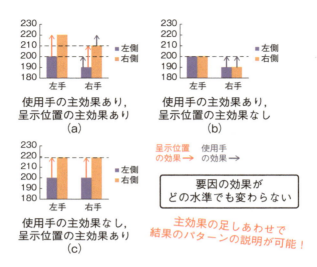

図1-40 交互作用がない場合の結果のパターン

できます。たとえば，図1-40aのデータは，「すべてが等しい状態＋要因Aの効果＋要因Bの効果」と表現できます。

1-5-5 交互作用がある場合

これに対して**交互作用**は，主効果の足しあわせでは説明できない効果を意味します。図1-41に，交互作用がある場合の結果を3つ示します。まず，すべてのグラフにおいて，**呈示位置の要因の効果が，使用手の要因の水準間（右手・左手）で異なっている**ことを確認してください。図1-41aは，呈示位置の効果が右手のほうが左手よりも小さく現れています。図1-41bでは，右手では呈示位置の効果がみられません。図1-41cでは，呈示位置の効果が右手と左手で逆転しています[36]。

これらのパターンは，2つの要因の主効果を単純に足しあわせただけでは説明できません。もし2つの主効果の足しあわせであれば，図1-40で見たグラフのいずれかのパターンになるはずです。そのため，**特定の水準**

---

[36] 今回は「呈示位置の効果が，使用手の水準によって異なる」という説明をしていますが，「使用手の効果が，呈示位置の水準によって異なる」ととらえることもできます。

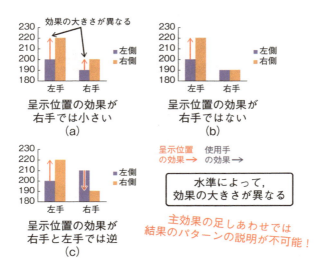

図1-41 交互作用がある場合の結果のパターン

にのみ影響する，何か特殊な効果が存在することが推測されます。その効果こそが，交互作用です。

 1-5-6 単純主効果の検定

- 交互作用が有意になった場合：主効果の解釈は保留して，単純主効果の検定あるいは多重比較によって，さらに詳しい比較検討をおこなう。
- 単純主効果の検定：ほかの要因のある水準における要因の主効果の検定。

分散分析の結果，交互作用が有意になった場合には，**交互作用の解釈を優先させ，主効果の解釈はひとまず保留**しなくてはいけません。なぜなら，交互作用の存在によって，本当はない主効果があるように見えてしまった可能性があるためです。たとえば，図1-41bのような結果の場合にも，呈示位置の主効果が有意となる場合があります。つまり，右手使用時には

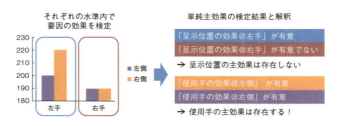

図1-42　単純主効果の検定

呈示位置の効果がないにもかかわらず，左手使用の効果が大きいことによって，結果的に呈示位置の主効果が得られてしまう可能性があるのです。したがって，交互作用が有意になった際には，主効果が本当に存在するかどうかを，さらなる統計検定によって確かめなければいけません。そこで実施する検定が，**単純主効果の検定**です。

図1-41bに示されている結果のパターンを例に考えてみましょう（図1-42）。たとえばこのとき，呈示位置の主効果，使用手の主効果，交互作用がすべて有意であったとします。交互作用が有意であるため，ふたつの要因の主効果に関する結論はいったん保留して，それぞれの要因の単純主効果を検定します。まず，呈示位置の単純主効果を検討するため，「左手における呈示位置の効果」と，「右手における呈示位置の効果」を検定します。このとき，左手においては呈示位置の効果は有意ですが，右手においては有意とはなりませんでした。このふたつの結果から，「交互作用は存在するが，呈示位置の有意な主効果は存在しなかった」と解釈することができます。また，使用手の効果も同様に考えて，どちらの呈示位置（左側・右側）においても有意な効果が得られているため，「交互作用は存在するが，使用手の有意な主効果も存在する」と解釈することができます[37]。

---

[37] 2水準の場合には，単純主効果の検定と多重比較の結果は基本的に一致します。

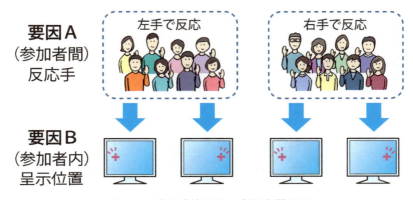

図 1-43 参加者内要因，参加者間要因

1-5-7 参加者内・参加者間要因

- 参加者内要因：そのすべての水準に関して同じ参加者のデータが含まれている要因。
- 参加者間要因：その水準内に異なる参加者のデータが含まれている要因。
- 混合要因分散分析：参加者内要因と参加者間要因がどちらも含まれている 2 要因以上の分散分析。

　ここまでの説明では省いてきましたが，t 検定と同様に，分散分析を実施する際にも，**データの対応の有無に関するオプションを指定**しなくてはいけません。分散分析では，参加者内要因・参加者間要因という用語を用いてデータの対応を表現します。ある要因のすべての水準のデータが同一の実験参加者から得られたものである場合には，その要因を **参加者内要因** とよび，異なる参加者からのデータを含む要因は **参加者間要因** とよびます。

　ボタン押し実験の例を使って確認しましょう（図 1-43）。ある実験参加者グループは左手のみで反応して，ほかの実験参加者グループは右手のみ

で反応したならば，反応手の要因は参加者間要因となります。いっぽうで，どの参加者も左右両方の刺激呈示を経験したならば，呈示位置の要因は参加者内要因です。

　分散分析の統計デザインの表記に関しては，1要因の分散分析が参加者内要因であれば**1要因参加者内分散分析**，2要因の分散分析で2つの要因が両方とも参加者内であれば**2要因参加者内分散分析**と記述します。参加者間の場合には，上記の例で参加者内となっている箇所が参加者間に変わります。2要因以上の分散分析において参加者内要因と参加者間要因が混在している場合には，**混合要因分散分析**と記述します。この場合には，どの要因が参加者内／間なのかを別途明記する必要があります。

1-6 相関分析

前節までで扱ってきたt検定や分散分析は，ある要因が従属変数に与える効果を検討対象としていました．いっぽうで，異なる2群のデータの関係を検討したい場合には，相関分析をおこないます．この節では，異なる2群のデータの関係について，まず図式的な理解を進めてから，相関分析で用いる統計量の解釈について学んでいきます．

1-6-1 2群の関係性の分析

- 相関分析：2つの変数の関係性についての分析．
- 散布図：2変数の分布を点として表現した図．

相関分析とは，**2つの変数の関係性について検討**をおこなう統計手法です．相関分析はt検定や分散分析と異なり，平均値に対する検討はおこないません．また，独立変数も登場しません．分析の対象となるのは，2つの従属変数です．2つの従属変数の種類や単位は異なっていても構いませんが，連続的な変数である必要があります．連続的な変数とは，身長や体重のように，方法しだいではいくらでも厳密に計測できるような変数をいいます．逆に，連続的でない変数（離散変数）とは，性別やサイコロの目のように，カテゴリー（男女，1〜6）でしか分けられず，中間の値を定義できない変数をさします．

たとえば，相関分析では，年齢と睡眠時間のデータがどのような関係にあるのかを検討することができます．この2つの従属変数は種類が異なりますが，両者とも連続変数です．相関分析を適用可能な2つの従属変数の組みあわせの例を**表1-8**に示しました．

表1-8 こんなときに相関分析

従属変数1	従属変数2
睡眠時間	年齢
算数の得点	国語の得点
反応時間	運動スキル得点

　一方で，相関分析を用いるためには，**必ず2群のデータは対応していなければいけません**。すなわち，2群のデータが同じ参加者から得られたものであるか，それに相当する対応関係が必要です。もし2群のデータが別々の参加者から得られた場合には，2群のデータを関係づける手がかりがないためデータの対応がとれず，相関分析をおこなうことはできません。

　2つの変数間の関係性を直感的に把握する際には，**散布図**が有効です。散布図とは，**2変数の分布を点として表現した図**です。図1-44に，国語と英語のテストの得点という2変数に関する散布図を示します。縦軸に英語の得点，横軸に国語の得点をプロットしています。図中の1つの点は，ある1人の参加者のデータを示しています。図1-44を見ると，国語と英語の得点の間にはなんらかの関係性がありそうなことがわかります。

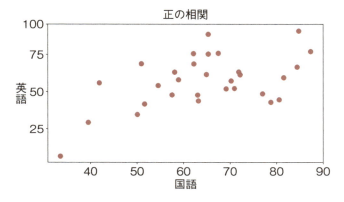

図1-44　国語と英語のテストの点数に関する散布図

1-6-2 相関の種類

- 正の相関：ある変数の値が大きくなると，もう片方の変数の値も大きくなる，という関係。
- 負の相関：ある変数の値が大きくなると，もう片方の変数の値が小さくなる，という関係。
- 無相関：2つの変数間に一貫した関係がみられない状態。

図1-44 に示された国語と英語の得点に関する散布図は，データの分布が右肩上がりになっています。これは，「国語の得点が高い人ほど，英語の得点が高い人である」ことを意味します。逆に，「英語の得点が高い人ほど，国語の得点が高い人である」と表現することもできます。このように，**ある変数の値が大きくなると，もう片方の変数の値も大きくなること**を，2変数間に**正の相関がある**と表現します。

さらに，国語と英語に加えて，数学の得点についても関係性を検討していきましょう。図1-45 に，(a) 国語と数学，(b) 英語と数学の得点の関係性を示した散布図を示します。

国語と数学の関係性を示した散布図（図1-45a）を見てみましょう。この散布図は，右肩下がりにデータが分布しています。すなわち，国語の得

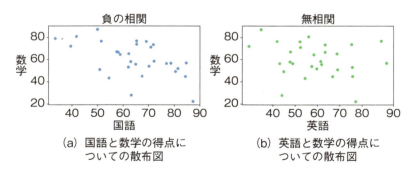

(a) 国語と数学の得点についての散布図

(b) 英語と数学の得点についての散布図

図1-45　国語と数学，英語と数学の得点に関する散布図

点が高い人ほど数学の得点が高く，国語の得点が低い人ほど数学の得点が高くなっています。この関係性は，さきほどの国語と英語の得点の関係性と逆であり，**ある変数の値が大きくなると，もう片方の変数の値が小さくなる**関係であるといえます。この場合，2つの変数間に**負の相関がある**と表現します。

最後に，英語と数学の得点の関係性を示した散布図（図1-45b）を見てください。この図は，さきほどの2例とは異なり，**2変数の間には一貫した関係性がみられません**。このような場合には，2変数に相関関係はない，あるいは**無相関である**と表現します。

1-6-3 相関係数

> ● 相関係数：2変数の相関の程度を表す統計量。−1から1の値をとる。その符号によって相関の方向を示し，絶対値によって相関の強さを示す。

2変数間の関係を散布図によって確認した後は，その関係性を統計的に判断する必要があります。なぜなら，散布図では直感的に2変数の関係性を判断できるものの，定量的な数値としては示されないためです。2変数の関係性は，**相関係数**とよばれる統計量を用いて表現することができます。相関係数は，**相関の関係性の強さと方向**を表す統計量です。r（アール）という記号で表されることが一般的です。

相関係数にはさまざまなタイプが存在しますが，一般に相関係数といったときには，**ピアソンの積率相関係数**をさします。この相関係数は**−1から1の値**をとり，正の値の場合は正の相関，負の値の場合は負の相関であることを意味します。また，**絶対値が大きくなるほど（1に近いほど）正あるいは負の相関関係が強い**ことを示します。一方で，無相関のときには相関係数が0になります。

1-6-4 相関係数と散布図

具体的に，どのようなデータがどの程度の相関係数の値をもつのかを，散布図を使って確認していきましょう。図1-46に，異なる相関係数をもつ散布図を5つ示します。相関係数の絶対値が1の場合（$r=-1$，$r=1$）は，完全な相関があることを示しています。つまり，図1-46aの場合には，ある一方の変数の値が大きいときには，もう一方の変数の値も必ず大きくなります。絶対値が0.5の場合（$r=-0.5$，$r=5$）は，ある程度の関係はみられますが，一方の変数の値が高かったからといって，もう一方の変数の値が必ず高くなるわけではありません。相関係数が0の場合（$r=0$）は，データの分布はばらばらで，一貫した傾向は読みとれません。なんとなく

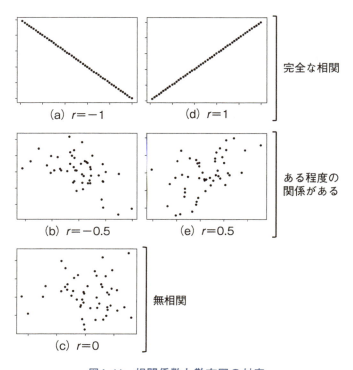

図1-46 相関係数と散布図の対応

でもよいので，散布図のデータ分布と相関係数の値の関係をおぼえておくと，データ分析の際に役立つでしょう。

1-6-5 相関係数の有意性検定

> ●統計的に有意な相関：母集団に一般化することができる相関。

相関係数は，平均値と同様に，記述統計量です。そのため，相関分析でも，t検定や分散分析と同様に，その値が統計的に有意であるか否かの検定（統計的仮説検定）をおこないます。相関係数についての有意確率が5％未満になった場合に，2変数間には**統計的に有意な相関がある**と結論づけます。ここで注意しなければいけないのが，**相関係数の大きさと統計的有意性判断の結果は別々に考える**必要がある点です。相関係数の絶対値が大きければ相関が強いことを意味するものの，統計的に有意でない限り，その値を母集団に一般化することはできません。逆に，相関係数の絶対値が小さい場合でも，統計的に有意になる場合もあります。この場合は，弱い相関がある[38]，という結果を母集団に一般化することができます。

それでは，相関係数と統計的仮説検定の結果を確認しましょう。**図1-44**，**図1-45**のデータをきりんに渡すと，国語と英語の得点の相関係数は0.53（$t(28)=3.29$, $p<0.01$），国語と数学が-0.53（$t(28)=3.35$, $p<0.01$），数学と英語が-0.21（$t(28)=1.12$, $n.s.$）という結果が得られます。この結果は，国語と英語，および国語と数学の相関係数は統計的に有意である一方で，数学と英語の相関係数は有意ではないことを示します。

図1-47に相関係数に関する検定結果の表記のしかたを示します。ここで，括弧の中にt値が登場していることに気付いたかと思います。じつは，**相関係数に対する有意性判断ではt値を検定統計量として用います**。したがって，括弧内の解釈や記述方法はt検定と同じです。このように，相関係数そのものの値と，統計的有意性検定は別々の検定統計量にもとづくも

---

[38] 一般的に，相関係数の絶対値が0.2より大きく0.4以下の場合は弱い相関，0.4より大きく0.7未満の場合は中程度の相関，0.7以上の場合は強い相関があると判断します。

のであるため，2つの結果は別々に考える必要があるのです。

相関係数の値と統計的有意性判断には直接的な関係はないものの，**相関係数が大きいほど統計的に有意になりやすい傾向**があります。これは，t検定における2群の平均値差の大きさと統計的有意差の関係と同様です。今回の具体例において，相関係数が低い変数ペアにおいて相関係数が統計的に有意とならなかったのは，このような傾向に起因します。

相関係数であることを示す　　検定結果の記述方法はt検定と同じ
↓　　　　　　　　　　　　　↓

$$r=0.53\ (t(28)=3.29,\ p<0.01)$$

相関係数は記述統計量であることに注意！

図1-47　相関分析の結果の読み方

1-6-6 相関係数の脆弱性

- 外れ値：ほかのデータから大きくかけ離れた値。相関係数はとくに外れ値に弱い性質をもつ。

相関係数は，**2つの変数の関係性を定量的に示す**ための指標です。しかしながら，相関係数の値は，<u>外れ値</u>とよばれる，偏ったデータの影響をとくに受けやすいことが知られています。そのため，**相関係数の絶対値が大きかったとしても，本質的には相関関係がない場合がしばしばあります。**

外れ値が相関係数に与える影響を，散布図を用いて確認しましょう。**図1-48a**に示すデータの相関係数は0.08であり，統計的有意性もありません（$t(28)=0.44$, $n.s.$）。一方，**b**に示すデータの相関係数は0.55であり，この値は統計的に有意です（$t(29)=3.58$, $p<0.01$）。**a**と**b**の違いは赤い円で囲んだ1つのデータ点のみです。つまり，このひとつのデータが原因で**b**の場合で相関係数が高くなったのだと考えられます。

このように，ほかの大部分のデータと比較して大きく値がずれているデータを外れ値とよびます。このようなデータは，同一の母集団から生じたというよりは，**調査・計測・回答などのどこかの過程におけるミスによって生じた**と考えるほうが妥当です。相関分析にもとづいて理論的に意味のある考察をおこなうためには，外れ値は分析から除かなければいけません。

　もし外れ値の検討をせずに相関係数の値のみにもとづいて結果を判断すると，今回のケースでは間違った判断をくだすことになってしまいます。すなわち，データのほぼすべてには相関関係がないにもかかわらず，「2変数には正の有意な相関がある」と結論してしまいます。このように，相関係数には，外れ値の影響を受けやすいという性質があるため，相関係数を分析する前には必ず，散布図を用いて外れ値の有無をチェックしなければいけません[39]。

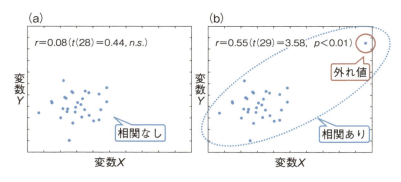

図1-48　相関係数に対する外れ値の影響

---
[39] t 検定や分散分析においても，外れ値はないほうが望ましいですが，検定結果への影響の大きさという観点で，相関係数ではもっとも気をつけなくてはいけません。

ステップ 2　実践して理解しよう

　ステップ2では，検定統計量の計算の実践によって，心理学統計の手続きと仕組みに対する理解を深めることを目指します。具体的には，各検定で検討する仮説と検定統計量の算出方法を紹介し，実際のデータを用いた計算過程も詳しく学んでいきます。仮説の論理的言い換えや検定統計量の数学的性質を知ることによって，ステップ1で覚えた内容を，一歩進んだ段階で理解することができるでしょう。
　検定統計量の計算過程においては，パッと見では難しい数学記号がたくさん登場しますが，数式が難しくなる箇所では，数学記号を日本語に直したものを使用します。そのため，数学が苦手な読者の皆さんも安心して読み進めることができるでしょう。各検定を紹介した後には，それらの検定をフリーの統計ソフトRで実行するプログラムも付けてありますので，その後の学習に活かしてください。

2-1 統計的仮説検定の手続き

本節では，統計的仮説検定における仮説の扱いについて，さらに詳しく解説していきます。統計的仮説検定の理解が難しいのは，計算をおこなう数学的手続きに加えて，主張の言い換えという論理的手続きがあるためです。両者はもちろん表裏一体なのですが，本ステップではできるだけ切り分けて説明していきます。そのためまずは，本節で統計的仮説検定の論理的な手続きについて解説し，数学的な手続きに関しては，2-2節以降の具体的な計算方法を通して解説します。解説する内容にはステップ1と重複する部分もありますが，復習のつもりで読み進めてください。

2-1-1 独立変数と従属変数

- 独立変数（Independent variable）：実験者が操作的に定義可能な変数，説明変数，要因ともよばれる。
- 従属変数（Dependent variable）：実験者に測定される変数。
- 統計的仮説検定（Statistical hypothesis testing）：統計学的な観点から，独立変数が従属変数へ与える効果があるかどうかを検証するプロセス。
- 要因（Factor）：統計デザイン上の独立変数。
- 水準（Level）：独立変数によって分けられた群。

心理学実験の多くは，ある**独立変数**を変化させることによって，測定される値（**従属変数**）が変化するかどうか，を検討することを目的とします。独立変数によって従属変数が変化することを，「独立変数の効果がある」と表現します。そして，**統計学的な観点から独立変数の従属変数への効果があるかどうかを検証する**プロセスを，**統計的仮説検定**とよびます。

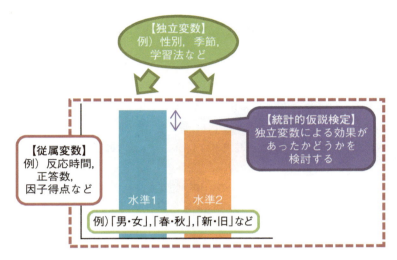

図 2-1　統計的仮説検定の枠組み

　統計デザインにおいては，独立変数は**要因**とよばれます。また，独立変数によって分けられた群は**水準**とよばれます[1]。

　たとえば性別を独立変数とした場合，男性・女性（あるいはその他）に集団を分けることが可能です。このとき統計デザイン上は，「性別」が要因であり，「男性・女性」のそれぞれが水準とよばれます。また，従属変数が反応時間だとすると，「性別の違いによって反応時間が異なる」という仮説を統計的仮説検定によって検討することになるでしょう（図2-1）。

---

[1] 水準は，条件や群という言葉と対応します。心理学実験の文脈では，群は参加者の性質に主眼をおいた言葉であるため，"群間"では参加者が異なることが一般的です。

2-1-2 2群の平均値差の統計的仮説検定

- t値（t-value）：t検定における検定統計量。
- 自由度（Degree of freedom）：有意確率を算出する際に必要な値，データ数により決定される。
- p値（p-value）：有意確率。5%より小さいと統計的に有意であると判断される。
- 有意水準（Significance level）：慣習的な統計的有意性の判断基準。5%，1%，0.1%の3種類が用いられる。

それでは，2群の平均値差の比較を例に，統計的仮説検定の流れを確認していきましょう。英語の学習法に関して，「新しい学習法のほうが，古い学習法よりも効果がある」という仮説が，実験において**検証したい仮説**であるとします。この仮説を検証するため，新学習法をA組に，旧学習法をB組に対して実施したうえで共通のテストを受けさせた結果，A組の平均点は88点（$SD=5.6$），B組の平均点は72点（$SD=5.74$）となりました。

この結果は，A組の平均点のほうがB組の平均点よりも高いことを示しています。しかし，統計的仮説検定では，平均値の差だけではなくデータのばらつきも考慮した結論を導きます。すなわち，観察された平均値差が，偶然生じたものではなく，**各群のばらつきを考慮したうえで一般化できるかどうか**を検討するのです。

今回のデータに対し，対応のない t 検定をおこなうと，$t(18)=5.69$，$p<0.001$ という結果が得られます。つまり，A組のほうがB組よりも，統計的に有意に英語のテストの平均点が高いと判断されます。この結果は，偶然の可能性を排除したうえで，「新しい学習法のほうが古い学習法よりも効果がある」という仮説を支持します。

t 検定の結果は，論文中では「$t(18)=5.69$，$p<0.001$」と表記されます。この表記において，t は **t値**（t検定の検定統計量），t値の後ろにあるのは，**自由度**，p は **p値**（有意確率）を意味します。「$p<0.001$」は，「p値が0.001

（0.1％）より小さい」ことを表しています。もしp値の計算結果が5％より大きい場合，つまり有意差がない場合には，「$p>0.05$」や「$n.s.$」と記載されます。統計的に有意かどうかを判断する基準（**有意水準**）として，慣習的に5％，1％，0.1％の3つの水準が用いられています。

2-1-3 数学的な手続きと論理的手続き

統計的仮説検定を，数学的な手続き（数字を扱う部分）と，その背景にある論理的手続き（主張の言い換え）に分けて説明しましょう。統計的仮説検定の**数学的な手続き**はおおまかに4つのステップから成り立っています（図2-2）。この4ステップと，テストの得点についてのt検定における具体例を，以下に示します。

①データの数に応じて，自由度が決定されます。今回の自由度は，18です。
②実験によって得られたデータにもとづいて，検定統計量を算出します。今回の例では，検定統計量はt値（＝5.69）です。
③自由度と検定統計量から，有意確率（p値）を算出します。今回のp値は0.00002146であり，百分率で表記すると0.002146％です。
④得られた有意確率が，有意水準（慣習的に0.05，0.01，0.001の3つの基準が用いられる）よりも小さいかどうかを判断します。今回の場合は0.001より小さいので，$p<0.001$です。

```
┌─────────┐  ┌─────────┐  ┌─────────┐  ┌─────────┐
│①自由度  │  │②検定統計量│  │③有意確率│  │④有意判断│
│データ数に│→│平均値や標準│→│自由度，検定│→│通常5％以下│
│よって決まる│  │偏差から計算│  │統計量から計算│  │だと仮説を支持│
└─────────┘  └─────────┘  └─────────┘  └─────────┘
```

図2-2　数学的な手続きの4ステップ

統計的仮説検定では，上記のような数学的手続きによって得られた結論を「**2つの群の平均値に有意な差がある**」と表現します。ただし，この表現は，検定結果を論理的に言い換えることによって導かれたものです。この言い換えを本書では**論理的手続き**とよびます。どのような言い換えがおこなわれるか，具体的にみていきましょう。

たとえば，t検定において有意確率が0.05（5%）よりも小さかった場合には，次のような論理的な言い換えが順番になされます。

① 2つの背後に仮定される母集団が同一である確率が非常に低い
② 2つの群はそれぞれ平均値の異なる母集団を背後にもっているだろう
③ 2つの群の平均値に統計的な有意差がある

①は数学的な検定結果を素直に解釈したものです。①から②への言い換えは論理的にはほぼ正しいものの，数学的には「2群の平均値が異なる確率」を計算しているわけではないため，必ずしも正確ではありません。

最後の「有意な差がある」という結論は，得られたデータのパターンを，その背後に仮定される母集団に一般化できる可能性が高いことを意味します。つまり，今回得られた実験結果が偶然ではなく，同じ実験を異なる参加者に対して実施したとしても，再び同じ結果のパターンが得られる確率が高いということです[2]。

2-1-4 対立仮説と帰無仮説

- 対立仮説（Alternative hypothesis）：統計的仮説検定において，主張したい仮説。つまり，「差がある」「効果がある」という仮説。
- 帰無仮説（Null hypothesis）：統計的仮説検定において，対立仮説と矛盾する仮説。つまり，「差がない」「効果がない」という仮説。

---

[2] 統計的有意確率（p値）は事象の一般性についての指標ではありません。有意確率は，あくまでも帰無仮説とサンプルデータに関する確率であることに注意してください。

統計的仮説検定の文脈では，論理的手続きにおける主張の言い換えを，**対立仮説**と**帰無仮説**という用語を用いて表現します。対立仮説とは「差がある」「効果がある」という主張です。この仮説は，通常の研究においては，主張したい実験仮説と対応します。一方で，**対立仮説と矛盾する仮説，つまり「差がない」「効果がない」という主張**を帰無仮説とよびます。さきほどの数学的な手続きにおいて，p値を算出しましたが，これは「母集団が同一である確率＝差がない確率」です。つまり，***p*値とは「帰無仮説が正しい確率」**なのです。

　それでは，対立仮説と帰無仮説という用語を使ってもう一度，論理的手続きをおさらいしてみましょう。まず数学的な計算手続きを踏んで，帰無仮説が正しい確率を計算します。帰無仮説が正しい確率がとても低い場合には，その仮説と反対の内容を主張する対立仮説が正しい確率が相対的に高くなります。そのため，対立仮説が支持されます。「支持」という言葉は，「少なくとも得られたデータにもとづくと，こちらの仮説が正しい可能性が高い」という意味で使用されています。そしてこのような主張を簡潔に表現するために，「有意差がある」あるいは「有意な効果がある」という言葉に言い換えられます（図2-3）。対立仮説は実験仮説と対応しているため，対立仮説の支持は，実験仮説の支持を意味します。

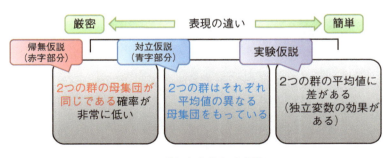

図2-3　「有意な差」の解釈

2-1-5 帰無仮説の棄却，対立仮説の採択

● 有意確率（Significance probability）：帰無仮説が正しいとしたとき，今回の結果が得られる確率の上限。

　さきほど見た英語の学習法の例を用いて，もう一度，統計的仮説検定の手順を振り返りましょう。この例における帰無仮説は「新しい学習法を使用したクラスのテストの平均点と，新しい学習法を使用したクラスのテストの平均点には差がない」であり，対立仮説は「新しい学習法を使用したクラスのテストの平均点と，古い学習法を使用したクラスのテストの平均点には差がある」です。

　得られた実験データに対して t 検定を実施すると，有意確率（p 値）が得られます。**p 値は，帰無仮説が正しいと仮定したときに，今回のデータが得られる確率の上限**です。今回の結果では，$p < 0.001$ と計算されました。この値は，帰無仮説が正しい（＝差がない）確率が0.1％以下であることを意味します[3]。

　帰無仮説が正しい確率がとても低い場合には，**帰無仮説を棄却し，対立仮説を採択**します。今回の p 値はとても小さいため，「2つの群の母集団が同じである＝差がない」という帰無仮説は棄却せざるを得ません。その代わりに，帰無仮説と反対の「母集団が異なる＝差がある」という対立仮説を仕方なく採択するのです[4]。

　以上の帰無仮説の検討に関する論理的手続きは，**図2-4**のようにまとめられます。

---

[3] 統計検定で検討しているのは，2つのサンプルデータの間の平均値差ではなく，「それらの背後に仮定される母集団に関する推測値間の差」であることに注意しましょう。
[4] 帰無仮説に対する厳密な対立仮説は，「2つの母集団から各群がサンプリングされた」ではなく，「2つ以上の母集団から各群がサンプリングされた」です。そのため，t 検定において帰無仮説が棄却されても，必ずしも「2群がそれぞれ対応する母集団をもつ」とは限りません。

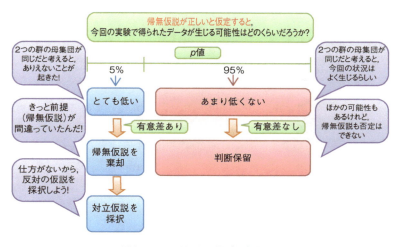

図2-4 帰無仮説の検討に関する論理的手続き

2-1-6 有意差の解釈

- 有意差がみられたとき：帰無仮説を棄却し，対立仮説を採択する。ただし，対立仮説の積極的な支持ではないことに注意する。
- 有意差がみられなかったとき：帰無仮説も対立仮説も棄却できないので，仮説に対する判断を保留する。「差がない」と結論することは大きな間違いである。

これまでも繰り返し強調してきましたが，統計的仮説検定は**「有意な差がある」という結論を積極的に主張する手法ではありません**。このことを，数学と論理の2つの側面から検討していきましょう。まず，数学的には，「2つの群の母集団が同一であると仮定した際に，今回得られたデータのパターンが生じる確率」が有意確率です。この確率は，**2つの群の母集団が異なる（＝平均値に差がある）確率ではありません**。したがって，統計的仮説検定の結果は「差がある」ことを主張する積極的な証拠とはな

りません。

　次に，論理的には，帰無仮説が正しい確率がとても低いときに帰無仮説を棄却し，対立仮説を採択します。しかし，とても低い確率であったとしても，**2群の平均値に差があるデータは生じる可能性はゼロではないため**，この手続きは常に正しいわけではありません。さらに，「とても低い確率」という基準自体（$p<0.05$）が曖昧であり，学術の世界でもいまだに議論が尽きない点でもあります。このような理由により，数学的にも論理的にも，統計的仮説検定によって「差がある」ことを積極的に主張することはできません。「統計的に有意差がある」ことは，厳密には「差がないとはいえない」ということを意味しているのです[5]。

　このような背景があるため，統計的仮説検定において有意差がみられなかった場合は，もっと話が複雑になります。なぜなら，「差がない」という帰無仮説を棄却できないときには，「差がある」という**対立仮説に対しての検討がおこなえない**ためです。そのため，統計的仮説検定において有意差がみられなかった場合には，「仮説に関する判断を保留する」という態度をとることが正しい選択となります。一方で，有意差が検出されなかったからといって，「差がない」と結論することは大きな間違いです[6]。

　また，このような統計的仮説検定は，数ある推測モデルの中の一つに過ぎないことも注意してください。適用したモデルが異なれば，推測の結果も異なります。そして，どのモデルを使えば絶対に推測を間違えないか，といったことは誰にもわかりません。しかしながら，モデルの性質をよく理解することで，できるだけ間違える可能性を小さくすることはできます。そのため，これから紹介する統計的仮説検定の数学的な性質もしっかり学んでいきましょう。

---

[5] さらに，対立仮説を採択した際には，差の大きさについては想定していない点も注意すべきです。統計的仮説検定の文脈では，学術的には意味のない差であってもそうでなくても，同じように扱われます。この問題は 3-7 節 で扱います。

[6] 研究によっては「差がない」ことを主張したい場合もあるかもしれませんが，基本的には統計的仮説検定はそのような目的では使用できません。ただし，「理論的に意味のないくらい小さい差（効果）がある」ことを示すことが「差がない」という主張の代わりになる，という考え方もあります。

2-2 検定統計量と有意差

　前節までは，検定統計量を算出した後の論理的手続きに焦点をおいて解説しました。本節では，検定統計量と有意差の関係について，「データのばらつき」「データ数」「平均値差」という3つの要素の観点から学んでいきます。本節ではt検定の例を用いて解説をおこないますが，その内容は分散分析など，その他の検定手法にも共通する一般的な説明です。

2-2-1 検定統計量

> - t値（t-value）：t検定における検定統計量。「平均値差」「データのばらつき」「データ数」の3つの要素で構成される。
> - 偏差（Deviation）：平均値からの差。「個々のデータ－平均値」で計算される。

　まず，t検定の検定統計量である**t値**を例に，その数式の意味を考えていきましょう。検定統計量とは，自由度と一緒に用いて，有意確率（p値）を算出するために必要な数値です。検定統計量は，その絶対値が大きいほど，平均値差や要因の効果が統計的に有意であると判断されやすくなります。

　対応のないt検定のt値は，次の（**式1**）で計算されます。対応のないt検定とは，「A組とB組」のように，異なる2群の平均値を比較するときに使用する検定です。この検定方法の詳細は **2-3節** で解説します。

$$t_0 = \frac{|\bar{X} - \bar{Y}|}{\sqrt{U_e\left(\frac{1}{m} + \frac{1}{n}\right)}} \qquad \text{（式1）}$$

（式1）において，t_0 は t 検定の検定統計量である t 値[7]，U_e は2群の不偏分散を重み付けして平均したもの，m と n は各群のデータ数（実験参加者数），$\bar{X}$ と $\bar{Y}$ は各群のデータの平均値を示します[8]。平均値の左右についている記号「| |」は絶対値をとることを意味する記号です[9]。これらの記号はこのさきも続けて使用しますので，ここでしっかり慣れておいてください。不偏分散は**母集団データの分散の推定値**です[10]。また，「**個々のデーター平均値**」のことを**偏差**とよぶことも覚えておきましょう。

記号だらけの式では難しいので，（式1）が何を表しているかを，検定統計量の大小にかかわる重要な部分のみを日本語に書き換えて表現しましょう。すると，（式2）のようになります。

$$t値 = \frac{2つの群の平均値差}{\sqrt{データのばらつき \times \left(\dfrac{1}{データの数}\right)}} \quad （式2）$$

（式2）を見ると，**t 値は「データのばらつき」「データ数」「平均値差」の3つの要素で構成されている**ことがわかります[11]。分散分析の検定統計量である F 値の場合は，分子の要素が「平均値差」ではなく「各群の平均値のばらつき」となりますが，算出式における基本的な構成は共通です。

2-2-2 検定統計量が大きくなる条件

> ● 検定統計量が大きくなる条件：(a)データのばらつきが小さい，(b)データ数（実験参加者の数）が多い，(c)各群の平均値の差が大きい。

ここからは，**データがどのような場合に検定統計量が大きくなる**かを，検定統計量を構成する「データのばらつき」「データ数」「平均値差」という3つの観点から説明していきます。

---

[7] t_0 の0は，帰無仮説に関する t 値であることを示しています。
[8] $\bar{X}$ と $\bar{Y}$ は「エックスバー」，「ワイバー」と読みます。バーは平均値を意味します。
[9] 平均値の差の"大きさ"を判断材料にするため，絶対値をとります。
[10] 不偏分散の意味については 3-2節 で解説します。
[11] データの数に関する分数の足し算は，データ数が大きくなると足し算の結果が小さくなるという関係のみを表現するために，「1/データ数」という簡易的な表現を使用しています。

まず,(式2)の分母を見てください。ここにはルート($\sqrt{}$)が登場します。ルートは2乗の逆です。たとえば,$\sqrt{4}=2$,$\sqrt{9}=3$です。分母にルートがあってもなくても,3つの要素と検定統計量の大きさの関係には影響しないため,今回はルートを無視して解説を進めていきます。そうすると,分母は「データのばらつき÷データの数」と記述できることがわかります。

次に,分母と分子の関係を確認しましょう(図2-5)。一般に,分子が変わらない場合,分母が小さくなると計算結果(図2-5ではX)は大きくなります。また,分母が変わらない場合,分子を大きくすることでも計算結果は大きくなります。

この関係を(式2)に当てはめて,t値が大きくする方法を考えてみましょう。まず,ひとつめは,**分母**を小さくする必要があることがわかります。ここで,分母の「データのばらつき÷データの数」を小さくするためには,さらに2つの手段があります。1つは,**(a)データのばらつきを小さくする**ことであり,もう1つは,**(b)データの数(実験参加者の数)を大きくする**ことです。このどちらかの手段によって,(式2)の分母が大きくなり,それに伴いt値も増大します。ふたつめは,分子を大きくすることです。つまり,**(c)2群の平均値差が大きく**なればt値も大きくなります。

検定統計量が大きくなるために必要な3つの要素(a)〜(c)を図2-6にまとめました。各点はひとつひとつのデータ,横線は平均値を表します。色の違う点はそれぞれ異なる群に含まれるデータです。

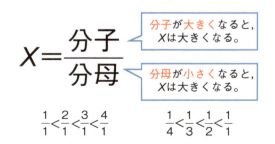

図2-5 分母・分子の大きさと分数の大きさの関係

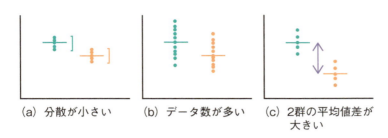

(a) 分散が小さい　(b) データ数が多い　(c) 2群の平均値差が大きい

図2-6　検定統計量が大きくなる3つの条件

  2-2-3 **群内・群間のばらつきの大きさ**

- 群内のばらつき：比較の対象となる各群の中の分散や標準偏差。個人差や測定に関する偶然の誤差を反映する。
- 群間のばらつき：各群の平均値のばらつき。t検定の場合は2群の平均値差。
- 検定統計量：群間のばらつきと群内のばらつきの比（群間の平均値のばらつき÷群内のばらつき）。

　次は，検定統計量が大きくなる場合のデータについて，グラフを使って確認します。検定統計量が大きくなり，統計的な有意差が得られやすくなる条件は3つありました。そのうち，**データのばらつきと平均値差の要素**は一緒に考えたほうがわかりやすいため，さきにこの2つについて考えていきます。図2-7に，同じ大きさの平均値差をもつ2つのデータを，棒グラフとして示します。図2-7aは群内のばらつきが小さいデータ，図2-7bは群内のばらつきが大きいデータを示しています。

　統計的仮説検定の目的は，平均値のばらつき（あるいは差）が偶然生じたものではないことを示すことです。そのために，**群内のデータのばらつき**と**群間のデータのばらつき**を比較して，検定統計量を算出します。群内のデータのばらつきは，個人差や測定に関する偶然の誤差を反映します。たとえば，英語のテストを考えてみてください。同じクラスにいたとして

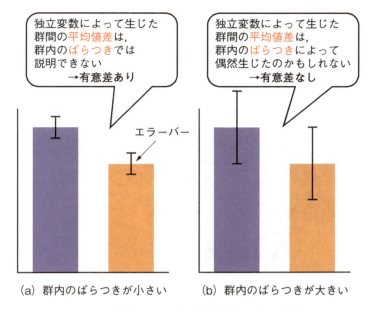

図2-7 分散の大きさが有意差に与える影響

も,各生徒の学力や学習法の効果は必ずばらつきます。さらに,テストの得点がその生徒の学力をいつも正確に反映できるわけでもありません。このときの前者が個人差,後者が測定に関する誤差に相当します。測定に関する誤差は,生徒の体調やテストの相性,騒音の影響など,さまざまな要因によって生じます。このような個人差や測定誤差は群内のデータのばらつきに反映されます。

これに対し,**群間のばらつき**は,各群の平均値のばらつきであり(t検定では2群の平均値差),**独立変数によって生じたばらつき**であると考えられます。これはつまり,研究においては「あってほしい」ばらつき(差)です。しかしながら,群間のばらつきは,個人差や測定に関する誤差によって偶然生じる可能性もあります。この可能性を否定するためには,**群間のばらつきが,偶然には生じないほどの大きさであることを示せばよい**のです。

群内のばらつきは偶然生じる誤差であると考えられるため,**群間のばら**

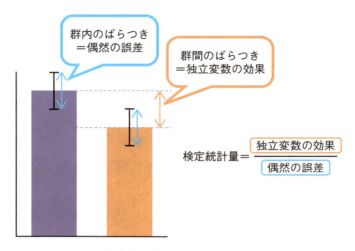

図2-8 検定統計量と群内・群間のばらつき

つきが群内でのばらつきに対して十分大きければ（「群間のばらつき÷群内でのばらつき」の値が大きければ），群間のばらつきは偶然生じたものではない，と判断することができます（図2-8）。そのため，（式2）に示したように，統計的仮説検定における検定統計量は，「群間のばらつき÷群内でのばらつき」という構造になっています。そして，検定統計量の値が十分に大きいと，平均値のばらつきが偶然生じたものではない（有意な効果・差がある）と判断されるのです。

2-2-4 検定統計量とデータ数

- データ数：心理学研究の場合，実験参加者の数に比例する。人数が多いほどサンプルが母集団に近づくため，推測の信頼性が増す。

　検定統計量の大きさを決めるもう1つの要素は，**データの数**です。心理学研究においては，データ数は基本的に実験参加者の人数に対応します。また，実験参加者の人数そのものは，実験で検討する内容とは無関係で

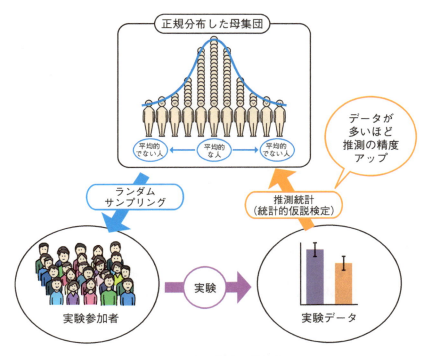

図2-9　推測統計の手続き

す。

　データの数が増えると，*t* 値が大きくなり，有意差が出やすくなります。これは，**統計的仮説検定が推測統計である**ことに起因します。推測統計とは，サンプルデータをもとに母集団の特性を推測する統計手法です（図2-9）。推測という性質上，**データが多ければ多いほど，推測の信頼性が増します**。極端な話をすると，母集団全員のデータを取得することができれば，もはや「推測」する必要のない答えが手に入ります。しかしながら，そのようなことは現実的に不可能であるため，私たちは少数のサンプルデータにもとづいて母集団に対する推測をおこなっているのです。

2-3 対応のないt検定

本節から,実際のデータを使って検定統計量を計算しながら,各検定の仕組みを学んでいきます。まずは,対応のないt検定を対象として,t値の算出とt分布を用いた有意差判断の方法を紹介します。

2-3-1 対応のないデータ

> ●対応のないデータ:2つの群の特定のデータどうしに意味のあるペアをつくれないデータ。心理学研究の場合では一般に,異なる実験参加者から得られたデータをさす。

対応のないt検定とは,2群のデータに対応がない場合に使用するt検定をさします。2-1節では,A組とB組の英語のテストの成績を比較しました。この場合,A組とB組の学生は同一人物ではありません。このように,**2つの群の特定のデータどうしに意味のあるペアをつくれない状態**を,**データに対応がない**といいます。心理学研究の場合では一般に,異なる実験参加者から得られた2群のデータを対応のないデータとして扱います。これを数学的に表現すると,**データに相関がない**と言い換えることができます。今回の例のように,2つの異なる集団を対象とした成績の比較には,対応のないt検定を用いるのが適切です。

それでは,対応のないt検定を実施してみましょう。統計的仮説検定は,①自由度の決定,②t値の算出,③有意確率(p値)の算出,④統計的有意差の判断,という4ステップで成り立っています。これらのステップを1つずつ順に解説していきます。

2-3-2 自由度の決定

- 対応のないt検定の自由度：(群Xのデータ数－1)＋(群Yのデータ数－1)

まずは，今回の分析の対象とするデータを**表2-1**に示します。各群10名，計20名分の英語の成績に関するデータです。

対応のないt検定では，自由度は**（群Xのデータ数－1）＋（群Yのデータ数－1）**で計算されます。今回の例では，2群（A組とB組）の参加者数はいずれも10名です。そのため，今回のt検定で使用する自由度は$(10-1)+(10-1)=18$となります。

表2-1　A組とB組の英語の成績

	テスト得点	
	A組	B組
1	90	80
2	88	62
3	84	73
4	98	68
5	90	83
6	78	76
7	94	70
8	91	72
9	88	66
10	79	70

2-3-3 対応のないt検定のt値の算出

- **標本分散（Sample variance）**：サンプルデータのばらつきの値。偏差の2乗の総和を，データ数で割る。
- **不偏分散（Unbiased variance）**：母集団データのばらつきの推定値。偏差の2乗の総和を，(データ数－1)で割る。

対応のないt検定のt値は，前節で示した（**式1**）で計算されます。

$$t_0 = \frac{|\bar{X}-\bar{Y}|}{\sqrt{U_e\left(\dfrac{1}{m}+\dfrac{1}{n}\right)}} \quad (式1)$$

t_0はt値，U_eは2群をあわせた不偏分散，mとnは各群のデータ数，$\bar{X}$と$\bar{Y}$は各群の平均値です。t_0を計算するために，$\bar{X}$と$\bar{Y}$を求めた後，U_eを求め

ましょう。

（式1）の分母に含まれている U_e（2群の不偏分散の重み付け平均）は（式3）で計算されます。

$$U_e = \frac{(m-1)U_x + (n-1)U_y}{m+n-2} \quad \text{（式3）}$$

（式3）における U_x と U_y は，xy それぞれの群における**不偏分散**を示しています。分散には不偏分散と標本分散の2種類があります。**標本分散**は「偏差^2÷データ数」で計算され，得られたデータの分散を示します。一方，**不偏分散は母集団データの分散の推測値**であり，「偏差^2÷（データの数－1）」で計算されます。群Xの不偏分散の計算式は次のように記述されます。

$$U_x = \frac{1}{m-1}\sum_{i=1}^{m}(x_i - \bar{X})^2 \quad \text{（式4）}$$

シグマ記号が出てくると難しそうに見えますが，（式4）が意味するのは「偏差の2乗の総和を（データ数－1）で割る」ということだけです[12]。シグマ記号の計算のしかたを**図2-10**にかんたんに示します。

t 値を算出するため，まず（式4）を用いて各群の不偏分散 U_x, U_y を求め，それらの値を（式3）に代入して U_e を求めます。不偏分散の算出方法を知るために，（式4）の計算過程を**表2-2**に示します。この表を参考に，電卓あるいは表計算ソフトを使って各自で2つの群の不偏分散を計算してみてください。

計算してみよう

ここからは，具体的なデータと対応させて考えていきましょう。A組の

i が m 番目まで続くという意味。今回の m は10
i に具体的な数値が代入される　i 以外は全部同じ

$$\sum_{i=1}^{m}(x_i - \bar{X}) = (x_1 - \bar{X}) + (x_2 - \bar{X}) + \cdots + (x_{10} - \bar{X})$$
$$= (90-88) + (88-88) + \cdots + (79-88)$$

i が1から始まるという意味

図2-10　シグマ記号の計算のしかた

[12] シグマ記号（Σ）は総和という意味であり，この記号の後に書かれた数式に指定された複数の数値を代入し，すべての和を求めます。

表2-2 不偏分散の計算過程

	X	Y	$x_i - \bar{X}$	$y_i - \bar{Y}$	$(x_i - \bar{X})^2$	$(y_i - \bar{Y})^2$
1	90	80	2	8	4	64
2	88	62	0	−10	0	100
3	84	73	−4	1	16	1
4	98	68	10	−4	100	16
5	90	83	2	11	4	121
6	78	76	−10	4	100	16
7	94	70	6	−2	36	4
8	91	72	3	0	9	0
9	88	66	0	−6	0	36
10	79	70	−9	−2	81	4
平均値	88	72		総和	350	362

データをX, B組のデータをYとすると, $(x_i - \bar{X})$は, 「A組のi番目のデータ−A組のデータの平均値」を意味します。$(x_i - \bar{X})$は偏差とよばれるため, たとえばx_1の偏差は「90−88＝2」となります[13]。

各群の不偏分散を求めるためには, XとYの偏差をそれぞれ2乗した値をすべて足す必要があります。$(x_i - \bar{X})^2$と$(y_i - \bar{Y})^2$の総和はそれぞれ, 350と362です。これらの値を, 「データ数−1」すなわち「10−1＝9」で割ります。この割り算をおこなうと, U_xが38.89, U_yが40.22であることがわかります。

（式3）に, U_x, U_y（X, Yの不偏分散）とm, n（X, Yのデータ数）の値を代入すると, （式5）になります。

$$U_e = \frac{(10-1) \times 38.89 + (10-1) \times 40.22}{10 + 10 - 2} \qquad \text{（式5）}$$

（式5）の分子では, 不偏分散（U_x, U_y）にそれぞれ「10−1」を掛けています。この掛け算は, さきほど求めたU_x, U_yを「10−1」で割る前の値に

---

[13] x_1は, データセットXの1番目の値という意味です。添え字がiのようにアルファベットになっている場合は, 特定の数値を示しません。たとえばデータが10個あった場合には, iに1〜10が入ります。

戻せばよいだけです。そのため，（式5）は（式6）のように書き換えられ，

$$U_e = \frac{350 + 362}{18} = 39.56 \tag{式6}$$

となり，$U_e = 39.56$ であることがわかります。

A組とB組の得点の平均値はそれぞれ88点と72点，各群のデータ数は10ずつです。これらの具体的な値をt値を求める（式1）に代入すると次のようになります。代入する。

$$t_0 = \frac{88 - 72}{\sqrt{39.56 \times \left(\frac{1}{10} + \frac{1}{10}\right)}} = 5.69 \tag{式7}$$

（式7）を計算すると，$t_0 = 5.69$ となり，t値が求まりました。これまでの計算で得られた検定統計量を論文で報告する場合は，自由度とt値を用いて，「$t(18) = 5.69$」と記載します。

2-3-4　t分布と有意確率

- t分布（t distribution）：自由度に応じて形が変化する確率分布。

t値を計算したら，次はその値にもとづいて有意確率（p値）を算出します。有意確率の算出には，自由度とt値のほかに，**t分布**というデータ分布に関する情報が必要となります。t分布はデータ数が少ないときにも使用できるように導かれた，正規分布に似た確率分布です[14]。ただし，正規分布と異なり，**t分布は自由度（データの数）に依存して形が変わります**。自由度が大きくなるほど，t分布の形は正規分布に近づきます。

図2-11に，自由度（df）が1, 3, 15, 50の場合のそれぞれのt分布を示します。また，それぞれの分布を使用して5%の有意確率が得られるt値を，図中のマーク「■」で示しています。たとえば，自由度が30の場

---

[14] 1908年にW.ゴセットがt分布に関する論文を発表しました。ゴセットは発表の際に「スチューデント」というペンネームを使用したため，この分布は「スチューデントのt分布」とよばれます。彼がペンネームを使用していたのは，彼が勤めていたギネス社（ギネス記録やギネスビールで有名）が，品質管理にt検定を用いていることを隠したかったからだと言われています。

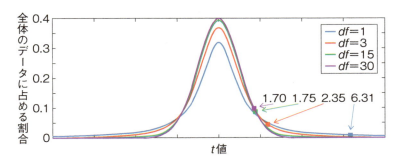

図2-11　さまざまな自由度のt分布と，5%有意確率に対応するt値

合のt分布（紫）を見てみましょう。**分布全体の面積を95%（左側）と5%（右側）に分ける境界が，t値＝1.68というラインです**。これはすなわち，自由度が30の場合に，5%の有意確率に対応するt値が1.68であることを意味します[15]。これに比較して，自由度が1の場合の5%の有意確率に対応するt値は6.31です。これは，自由度が1の場合は分布の裾野が非常に長くなり，6.31より右側に5%もの面積が存在することを意味しています。

このように，t分布は自由度によって分布の形が変わるという特性をもっています。そのため，t値にもとづいて有意差判断をする際には，自由度も必ず報告しなければいけないのです。

2-3-5　t分布表と有意水準

> ● t分布表（Critical values of the t distribution）：有意水準と自由度に対応したt値の下限値を表にしたもの。

　統計ソフトを用いる場合には，特定のt値に対応するt分布の面積を計算できるため，具体的な有意確率を得ることができます。しかしながら，手計算で有意差判断をおこなう場合にはそのような作業は難しく，現実的ではありません。そこで，手計算で有意差判断をおこなうときのために，

---

[15]　したがって，5%の有意水準に対するt値の下限値は1.68です。

表2-3　t分布表（抜粋）

自由度	片側検定の有意水準			両側検定の有意水準		
	5%	1%	0.1%	5%	1%	0.1%
1	6.314	31.821	318.310	12.706	63.657	636.620
2	2.920	6.965	22.327	4.303	9.925	31.599
3	2.353	4.541	10.215	3.182	5.841	12.924
4	2.132	3.747	7.173	2.776	4.604	8.610
5	2.015	3.365	5.893	2.571	4.032	6.869
6	1.943	3.143	5.208	2.447	3.707	5.959
7	1.895	2.998	4.785	2.365	3.500	5.408
8	1.860	2.897	4.501	2.306	3.355	5.041
9	1.833	2.821	4.297	2.262	3.250	4.781
10	1.813	2.764	4.144	2.228	3.169	4.587
11	1.796	2.718	4.025	2.201	3.106	4.437
12	1.782	2.681	3.930	2.179	3.055	4.318
13	1.771	2.650	3.852	2.160	3.012	4.221
14	1.761	2.625	3.787	2.145	2.977	4.141
15	1.753	2.603	3.733	2.131	2.947	4.073
16	1.746	2.584	3.686	2.120	2.921	4.015
17	1.740	2.567	3.646	2.110	2.898	3.965
18	1.734	2.552	3.611	2.101	2.878	3.922
19	1.729	2.540	3.579	2.093	2.861	3.883
20	1.725	2.528	3.552	2.086	2.845	3.850

　t分布表という表が用いられてきました。**t分布表**とは，**有意水準と自由度に対応したt値の下限値を記載した表**です。手計算でt値を算出した場合は，この表を使って有意水準を決定します。

　表2-3にt分布表の一部を示しました。この表では縦に自由度，横に有意水準が並んでいます。計算によって得られたt値が，t分布表に示してあ

るt値の下限値よりも大きな値であれば，それぞれの有意水準において有意であると判断されます。表2-3には，片側検定・両側検定に対して3つずつ有意水準（5％，1％，0.1％）を記載しましたが，今回は両側検定における有意水準をチェックしましょう。

今回の例におけるt検定の自由度（18）に対応するt値の下限値を赤字で示しています。5％水準のt値の下限は2.101，1％水準では2.878，0.1％水準では3.922です。これらの値の違いは，**5％水準で有意となるためのt値はもっとも小さく，0.1％水準で有意となるためには大きなt値が必要である**ことを意味します。

2-3-6 対応のないt検定における有意差判断

ではいよいよ，統計的有意差の判断です。さきほど算出したt値とt分布表のt値の下限値を比較しましょう。今回の検定における自由度は18であり，t値は5.69でした。この値は，いちばん厳しい0.1％水準のt値の下限値を上回ります。したがって，対応のないt検定の結果，「英語のテストの平均点は，A組のほうがB組よりも統計的に有意に高い（$t(18)=5.69$, $p<0.001$）」と結論することができます。

ちなみに，統計ソフトを使用してt検定をおこなった場合には，p値は0.0000214と算出されます。この値は0.001（つまり0.1％）よりも小さいため，手計算と同様に，0.1％水準で2群間に有意差があると判断することができます。

【Rスクリプト：対応のないt検定】

```
data<-read.csv("01.csv",header=F)      # データの読み込み
t.test(data[,1],data[,2],var.equal=T)  # 対応のないt検定
```

2-4 対応のあるt検定

次は，対応のあるt検定のt値を計算しましょう。対応のあるt検定は，2群のデータに対応がある場合に使用します。本節では，対応のあるt検定と対応のないt検定のt値の算出式の比較もおこない，それぞれの検定力の違いについても解説します。

2-4-1 対応のあるデータ

2つの群の特定のデータどうしに意味のあるペアがつくれる状態を，**データに対応がある**といいます。心理学研究の場合は一般に，同じ実験参加者から得られたデータを対応のあるデータとして扱います。対応するデータどうしの数値の違いは，**各実験参加者のデータに対して独立変数が与えた効果**であると考えることができます（図2-12）。

t検定や分散分析という統計手法は，そもそもデータどうしに相関関係がないことが大きな前提となっています[16]。データの対応は，数学的には相関関係と表現されるため，群間のデータに対応がある場合には，正確な検定統計量が算出されません。このような理由により，データに対応がある場合には，どうにかして**データどうしの相関成分をとり除く**計算方法が必要となるのです。

2-4-2 対応のあるt検定のt値の算出

- 対応のあるt検定の帰無仮説：対応するデータの差（効果）がゼロである。
- 対応のあるt検定の自由度：1群のデータ数（ペアの数）−1

---

[16] この前提を独立性の仮定といいます。統計検定における前提については，2-9節で解説します。

Step2 | 実践して理解しよう

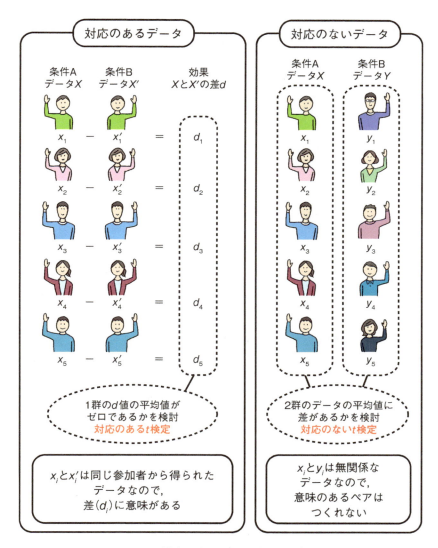

図2-12　対応のあるデータとないデータ

　対応のあるt検定では，**対応するデータの差がゼロである**という帰無仮説を検討します。数学的には上記の帰無仮説が厳密な表現ですが，表面上は対応のないt検定の場合と同様に，「2群の平均値に差がない」という帰

無仮説であるととらえて問題ありません。ただし，計算で扱うデータは2群ではなく，2群の差をとったデータ（1群のみ）になる点に注意が必要です[17]。もし2群の平均値差がゼロであれば，独立変数の効果はないことになります。

対応のあるt検定のt値を算出するための（式8）を以下に示します。

$$t_0 = \frac{|\bar{d}|}{\sqrt{U_d\left(\frac{1}{n}\right)}} \qquad \text{（式8）}$$

図2-12に示したように，dは2群の対応するデータどうしを引き算して生まれた新たなデータです（$X-X'$）。また，$\bar{d}$は，差のデータdの平均値であるため，対応のない2群の平均値差と等しくなります（$\bar{X}-\bar{Y}$）。

（式8）の右辺の分母にあるU_dは，dの不偏分散を示します。nはdのデータ数，つまり実験参加者の数です。（式8）において，分子は「2群の平均値差」，分母は「ばらつきの指標÷データ数」という構成になっています。これは，対応のないt検定の式と同様です。比較のために，対応のないt検定のt値の計算式（式1）を再度示します。

$$t_0 = \frac{|\bar{X}-\bar{Y}|}{\sqrt{U_e\left(\frac{1}{m}+\frac{1}{n}\right)}} \qquad \text{（式1）}$$

それでは，対応のあるt検定のt値を実際に計算してみましょう。今回分析の対象とするデータを表2-4に示します。表では，対応する2群のデータの差をdの列に，さらにdの不偏分散を計算するため，dの偏差の2乗を$(d_i-\bar{d})^2$の列に示します。

$(d_i-\bar{d})^2$の総和を$(n-1)$で割れ

表2-4　対応のあるデータと差分データ

	X	X'	d	$(d_i-\bar{d})^2$
1	90	80	10	36
2	88	62	26	100
3	84	73	11	25
4	98	68	30	196
5	90	83	7	81
6	78	76	2	196
7	94	70	24	64
8	91	72	19	9
9	88	66	22	36
10	79	70	9	49

[17] 計算で扱うデータが1群であるため，対応のあるt検定は1標本t検定（one sample t-test）とよばれることもあります。

ば，差のデータ d の不偏分散 U_d が算出されます。$\bar{d}$ は16，$(d_i-\bar{d})^2$ の総和を $(n-1)$ で割った値は88です。（式8）にこれらの数値を代入すると，（式9）になり，

$$t_0 = \frac{16}{\sqrt{88/10}} = 5.39 \tag{式9}$$

$t_0=5.39$ であることがわかります。これで，「対応する2群のデータの差がゼロである」という帰無仮説のもとでの t 値が計算できました。

2-4-3 対応のある t 検定における有意差判断

算出された t 値をもとに，t 分布表を用いて有意差判断をおこないましょう。対応のある t 検定の自由度も，対応のない場合と同様に（データ数-1）で計算されます。しかしながら，対応のある t 検定の場合には，2群のデータをペアにして差のデータを作成したため，**t 値を計算する対象となるデータ数はもとの半分**になっていることに注意してください。したがって，今回のデータの自由度は，10-1=9です。

再び表2-3（p.96）の t 分布表を見ると，両側検定で自由度が9のときには，0.1％水準における t 値の下限値は4.781であることがわかります。今回のデータから得られた t 値は5.39と，4.78を上回っています。したがって，対応のある t 検定においても，2群間には0.1％水準で有意な差がある，と結論することができます。

【Rスクリプト：対応のある t 検定】
```
data<-read.csv("02.csv",header=F)      #データの読み込み
t.test(data[,1],data[,2], paired=T)    # 対応のある t 検定
```

2-4-4 対応のあるt検定のメリット

> ● 検定力（Power）：母集団に差があるときに，その差を正しく検出する力。検出力ともよばれる。

　対応のあるt検定には，対応のないt検定と比較して，**2群のデータどうしに正の相関がある場合には検定力が高くなる**，というメリットがあります。**検定力**とは，**母集団に差があるときに，その差を正しく検出する力**です。ではなぜ，対応のあるt検定のほうが検定力が高いのでしょうか？

　まずは，対応のないt検定と対応のあるt検定の検定統計量の算出方法の違いを確認しましょう。それぞれのt値の計算式（式1）と（式8）を再び示します。

$$t_0 = \frac{|\bar{X}-\bar{Y}|}{\sqrt{U_e\left(\frac{1}{m}+\frac{1}{n}\right)}} \quad \text{（対応のないt検定）} \tag{式1}$$

$$t_0 = \frac{|\bar{d}|}{\sqrt{U_d\left(\frac{1}{n}\right)}} \quad \text{（対応のあるt検定）} \tag{式8}$$

$\bar{X}$と$\bar{Y}$は各群の平均値，$\bar{d}$は対応のある2群のデータの差の平均値（$\bar{X}-\bar{X'}$），U_eは2つの群をあわせた不偏分散，U_dはdの不偏分散，mとnは各群のデータ数です。

　2つの式を見くらべると，分子はどちらの式でも同じ値です（$|\bar{X}-\bar{Y}|=|\bar{d}|$）。さらに，（式2）で見たように，どちらの式も分母が「**データのばらつき×（1/データ数）**」という要素で構成されていることも共通しています。このように，t値を構成する要素は共通していますが，2つの式における「データのばらつき」と「データ数」の具体的な数値の大きさは異なります。

　まず，データ数の観点からいうと，対応のあるt検定のほうが，対応のないt検定よりもt値は小さくなります。t値の計算においては，データ数

が多いほどt値が大きくなります。分析対象となるデータ数は，対応ありの場合（dのデータ数）は，対応なしの場合（XとYのデータ数の合計）の半分です。そのため，**データ数の観点からは，対応のあるt検定のt値は対応のないt検定のt値よりも小さく**なり，有意差は出にくくなっているのです[18]。

2-4-5 対応のあるデータにおける効果のばらつき

- 効果のばらつき：対応のあるデータにおける，群間の差のばらつき。

一方で，**データのばらつきの観点からは，対応のあるt検定のt値は，対応のない場合よりも大きくなる**可能性があります。これは，扱うデータのばらつきが小さくなることに起因します。図2-13を見てください。対応のないt検定では，素点（データそのもの）に関して，**個人差を含んだばらつき（U_e）**を計算しているのに対して，対応のあるデータでは，**効果（d）のばらつき（U_d）**を計算していることがわかります。効果とは，対応するデータの値の差です。このように，2つの検定では，ばらつきを計算する対象となるデータとその意味が異なるのです。

ここで重要なのは，対応するデータの差分をとることにより，**もともとのデータに含まれていた個人差が消える**点です。心理学統計では，得られたデータ（従属変数）が「測りたい要素＋誤差」で構成されていると考えます。誤差には，測定誤差などのランダムな成分に加えて，個人に起因する要因も含まれます。対応のあるt検定では，XとX'はそれぞれ「測りたい要素＋誤差（個人差・測定誤差を含む）」で構成されると考えます。個人差はXとX'に共通する（等しい）ため，XとX'の差をとると，データに含まれる個人差は打ち消されて「測りたい要素＋測定誤差」が残るのです。

---

[18] 対応がない場合のデータ数に関連する要素は$(1/m)+(1/n)=(m+n)/mn$となります。対応がある場合と同様に2群のデータ数が同じ場合（$m=n$）には，$2n/n^2=2/n$となります。対応がある場合は$1/n$であるため，これらの値は2倍違います。さらに平方根をとっていることなどを考慮すると，対応のあるt検定のt値は，対応のないt検定よりも，$\sqrt{2}=1.414$倍小さいということになります。

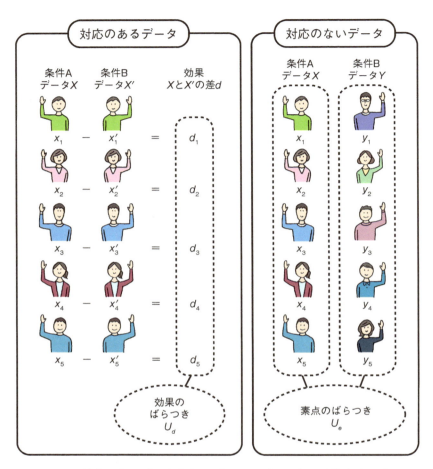

図2-13　対応のあるデータとないデータのばらつきの計算方法の違い

　このような仕組みにより，対応のある t 検定ではデータのばらつきが小さくなります。たとえば，100点満点のテストの点数において10点，15点，50点，54点というデータがあったとしたら，このデータには大きなばらつきが存在するといえるでしょう。しかしながら，個人差の影響を排除すると，データのばらつきが小さくなることがあります。たとえば，AさんとBさんが2回，同じテストを受け，Aさんが10点・15点，Bさんが50点・54点をとった場合を考えてみましょう。このとき，データの差分

はそれぞれ5点と4点です．この新たな差分データでは，AさんとBさんの個人差は排除され，テストを受けた時期による効果と測定誤差のみが反映されています．そのため，データのばらつきは小さくなるのです．このように，対応のあるt検定におけるt値の計算では，個人差に起因するばらつきが排除されるため，**データのばらつきが小さくなり，最終的にt値が大きくなります．**

2-4-6 データの相関と検定力

通常は，データが対応している場合には，データ間に正の相関が存在すると考えられます．つまり，さきほどのAさんとBさんの具体例のように，あるテストで得点が高い人はほかのテストでも得点が高く，一方で得点が低い人はほかのテストでも得点が低くなります．このような関係を正の相

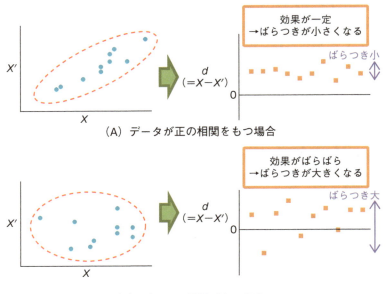

図2-14　データの対応と効果のばらつき

関といいます。そして，**2群のデータの正の相関が強いほど，素点の個人差の影響が小さくなり，独立変数の効果が検出されやすくなります**（図2-14）。このことは，数学的には，対応するデータの差の不偏分散（U_d）が小さくなり，結果的に **t 値が大きくなる** ことに一致します。いっぽうで，対応するデータどうしが負の相関をもつ場合には，むしろ検定力は低くなります。

　対応するデータの相関関係によってどのように検定力が変化するかを，シミュレーションによって確認してみましょう。シミュレーションでは，さまざまな相関係数・平均値差をもつ2群のデータセットをたくさん生成し，それらに対し t 検定をおこないました。このときに有意と判断された確率の推移を図2-15に示します。

　具体的には，6種類の相関係数の範囲ごとに，標準偏差を1，平均値差を0.32から1.2まで0.04刻みで操作したランダムな2群のデータセット（各群 $n=18$）を3000ずつ用意しました[19]。これらのデータに対し，対応のある t 検定と対応のない t 検定の両方を実施しました。青い線が対応のない t 検定，赤い線が対応のある t 検定の結果を示しています[20]。グラフの

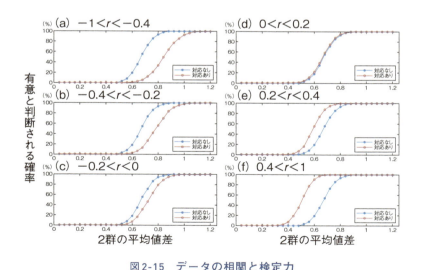

図2-15　データの相関と検定力

---

[19] そのため，解析の対象とした全データセットの数は 6×23×3000=414,000個です。
[20] データはランダムに生成しているため，ここでいう「対応」は擬似的なものです。

縦軸は，有意差が得られた確率で，横軸は2群の平均値差です。まず，どのグラフを見ても，**平均値差が小さいと有意差が得られにくく，平均値差が大きくなると有意差が得られる確率が高くなる**ことを確認してください。

比較した2群のデータの相関係数の範囲ごとに，検定が有意と判断された確率をグラフに示します。たとえばグラフ(a)は，相関係数が−1から−0.4までのデータに対しておこなったt検定の結果を示しています。対応のないt検定を実施した場合（青線）は，どのような相関係数の場合でも，まったく同じ確率の推移を示します（青線の形状が同じ）。これに対し，**対応のあるt検定（赤線）を実施した場合，2群のデータが正の相関をもつ場合（d〜f）には，より小さい平均値差で有意となる確率が高くなります**。いっぽうで，負の相関をもつ場合（a〜c）には，対応のないt検定を実施した場合よりも，むしろ有意差を検出する確率が低くなることがわかります。

2-4-7 対応のあるt検定の検定力

このように，対応のあるt検定のt値に対しては，計算対象とする**データ数**と**データのばらつき**という2つの要因が混じりあって影響します[21]。両者の影響はt値にとっては矛盾する影響です。しかしながら，通常，同じ参加者からのデータを比較する場合には，個人差の要因は正の相関をすることが多いため，対応のあるt検定の場合のほうがt値が大きくなります。このように，対応のあるt検定は，**通常は，検定力を高め有意差を検出しやすくする効果が期待できます**。いっぽうで，**統制がとれていない場合や，不適切な使用をすると検定力が下がってしまう**という危険性もあります。

---

[21] ばらつきに関して，母集団相関係数をρ，各群のSDをS_1, S_2としたとき，対応のないt検定に比較して，対応のある場合は，平均値差の分散が$\rho S_1 S_2 \frac{2}{n}$だけ小さくなることが知られています（芝・南風原，1996）。
芝祐順・南風原朝和（1990）．行動科学における統計解析法　東京大学出版会

【Rスクリプト：相関の強さが異なるデータに対する t 検定】

相関の高いデータと低いデータに対してそれぞれ対応のない t 検定と対応のある t 検定をおこなってみて，t 値や p 値がどのように変化するのかを確認してみましょう。

data<-read.csv("03.csv",header=F)　　　　　　　　# データの読み込み
相関の高いデータ
t.test(data[,1],data[,2],var.equal=T , paired=F)　　# 対応のない t 検定
t.test(data[,1],data[,2], paired=T)　　　　　　　　# 対応のある t 検定
相関の低いデータ
t.test(data[,3],data[,4],var.equal=T , paired=F)　　# 対応のない t 検定
t.test(data[,3],data[,4], paired=T)　　　　　　　　# 対応のある t 検定

2-5 等分散性が成り立たない場合のt検定

2群の平均値の比較に関する統計的手法に関しては，すでに紹介したt検定に代わって推奨される計算方法があります。この方法は，**ウェルチのt検定**とよばれています。ウェルチのt検定は，本来は**データの等分散性が満たされないときに使用される**方法でしたが，現在では等分散性の崩れにかかわらず，使用が推奨されています。本節では，まずt検定に関する3つの仮定を簡単に紹介したのち，等分散性の崩れに対処するウェルチのt検定について解説します。

2-5-1 t検定の仮定

- ●独立性：比較するデータどうしに対応（相関）がないこと。
- ●正規性：データが正規分布していること。
- ●等分散性：データの分散の大きさが各群で等しいこと。

t検定や分散分析といった検定手法においては，分析対象となるデータについて，**独立性**，**正規性**，**等分散性**という3つの特徴が仮定されています[22]。これらの仮定が満たされない場合には，t値やp値を正しく計算できなくなるという問題が生じます。

まず，データの独立性とは，**比較するデータどうしに相関がないこと**を意味します。そのため，対応のある2群のデータの比較は，本来は独立性の検定の仮定から逸脱するため，検定を実施することができません。しかし，前節で紹介したように，対応のあるt検定ではデータどうしの差をとることにより，比較するデータ間の相関成分を打ち消しています。次に，データの正規性とは，**データが正規分布していること**を意味します。最後

[22] これらの仮定については，2-9節で詳しく解説します。

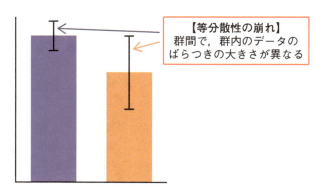

図2-16　2群の比較における等分散性の崩れ

に，データの等分散性とは，すでに示したように，**データの分散の大きさが各群で等しい**ことを意味します。

データの等分散性の崩れとは，データの分散の大きさが各群で大きく異なる状態をさします（図2-16）。等分散性が崩れると，①t値の計算における分散の値に，データの分散が正しく反映されない，②分散の大きさがアンバランスであることによって，危険率が上昇するという2つの問題が生じます。

 2-5-2 ウェルチのt検定

- ウェルチのt検定（Welch's t-test）：2群の平均値比較において，等分散性が満たされない場合に使用する。2群の分散の大きさが異なるほど，自由度を小さく調整する。

ウェルチのt検定は，等分散性の仮定が満たされないときに，t値と自由度を修正して，適切な有意確率が算出されるように工夫された検定手法です。ウェルチのt検定におけるt値の計算式は（式10）のようになります。

$$t_0 = \frac{|\bar{X} - \bar{Y}|}{\sqrt{\dfrac{U_x}{m} + \dfrac{U_y}{n}}} \tag{式10}$$

t_0はt値，$\bar{X}$と$\bar{Y}$は各群の平均値，U_xとU_yは各群の不偏分散，mとnは各群のデータ数です．（式10）は，これまで見てきたt値の算出式とよく似た構造をしています．対応のないt検定のt値の計算式（式1）をもう一度登場させ，この式と比較してみましょう．

$$t_0 = \frac{|\bar{X} - \bar{Y}|}{\sqrt{U_e\left(\dfrac{1}{m} + \dfrac{1}{n}\right)}} \tag{式1}$$

（式1）と（式10）では，分母の分散に関する部分が異なっているように見えますが，じつは2つの式が意味することは変わりません．（式1）のU_eは2群をあわせた不偏分散です．いっぽう，（式10）はそれぞれ別の群の分散（U_x, U_y）を別々に算出した後，足しあわせています．すなわち，通常のt検定とウェルチのt検定におけるt値の計算式の相違点は，**各群の分散をあわせて計算するか，別々に計算するか**という点のみです．通常のt検定の場合は，**2つの群で分散の大きさが同じであると仮定されている**ため，2つの群をあわせた分散（U_e）を使用しています．しかし，ウェルチのt検定をおこなう場合には，2つの群の分散が異なる場合に対応するため，各群の分散を別々に計算したものを足しあわせて使用します．このような工夫により，データの分散の大きさを適切に反映したt値を算出できるようになるのです．

2-5-3 ウェルチのt検定における自由度の調整

t値の算出式の修正に加えて，ウェルチのt検定ではさらにもう1つ，**自由度の調整**という工夫もおこなわれています．この工夫によって，各群の分散がアンバランスであることによる危険率の上昇という問題に対処します．ウェルチのt検定における自由度vは，（式11）によって計算されます．

$$v = \frac{\left(\dfrac{U_x}{m} + \dfrac{U_y}{n}\right)^2}{\dfrac{U_x^2}{m^2(m-1)} + \dfrac{U_y^2}{n^2(n-1)}} \quad \text{(式11)}$$

複雑な計算式ですが，この式で重要なことは，**自由度が通常よりも少し小さくなるように調整されている**，という点です。統計的仮説検定においては，自由度（通常は「データ数－1」）が大きいほど有意差が出やすくなり，自由度が小さいほど有意差が出にくくなります。したがって，ウェルチの方法による自由度の調整は，各群の分散がアンバランスであることによる不当な危険率の上昇を抑え，想定したレベル（たとえば5％）に抑える効果をもつのです。

（式11）の見た目の複雑さから推測されるとおり，算出される自由度は整数にならない場合があります。そのような場合には，小数の自由度に対応した有意確率を計算しなくてはなりません。ただし，自由度が小さい場合（10未満）には小数の自由度を用いることに意味があるいっぽうで，自由度がある程度大きい場合には少しの変化では有意確率がほぼ変わらなくなります。そのため，計算によって得られた自由度が10以上の場合には，小数点以下を切り捨てた値を使用します。

2-5-4 ウェルチのt検定における有意差判断

具体的なデータを用いてウェルチのt検定を実施してみましょう。用いるデータを**表2-5**に示します。このデータは，対応のないt検定で使用したものと同じです。まずは，2群（X, Y）の平均値差および各群の不偏分散を計算します[23]。

（式10）に平均値差，不偏分散，自由度の具体的な数値を代入すると，

---

[23] 本書の計算は，表計算ソフトによって計算された結果を小数第2位まで四捨五入した形で記載しています。そのため，記載されている数値をもとに計算をおこなうと，記載の計算結果と多少誤差が生じることがありますので，注意してください。

表2-5 ウェルチのt検定用データ

	X	Y
1	90	80
2	88	62
3	84	73
4	98	68
5	90	83
6	78	76
7	94	70
8	91	72
9	88	66
10	79	70
平均値	88.00	72.00
不偏分散	38.89	40.22

$$t_0 = \frac{16}{\sqrt{\frac{38.89}{10} + \frac{40.22}{10}}} = 5.69 \tag{式12}$$

となり、t値は5.69であることがわかります。

次に、(式11) を用いて自由度を計算しましょう。すべての要素はすでに計算ずみなので、さきほど同様に、具体的な数値を代入すると、

$$v = \frac{\left(\frac{38.89}{10} + \frac{40.22}{10}\right)^2}{\frac{38.89^2}{10^2(10-1)} + \frac{40.22^2}{10^2(10-1)}} = 17.99 \tag{式13}$$

となり、自由度vは17.99となることがわかります。算出された自由度が10を超えているため、小数点以下を切り捨て、自由度を17とします。

したがって、表2-5のデータに対してウェルチのt検定をおこなうと、「t

値は5.69，自由度は17」となります。いっぽうで，通常の対応のないt検定をおこなった場合は，「t値は5.69，自由度は18」です。今回のデータは，各群のデータ数も同じであり，不偏分散の値もほぼ変わらない大きさでした。そのため，t値は変化せず，自由度は1しか小さくなりませんでした[24]。これらの値をt分布表に照らしあわせると，依然として2群の間には，0.1％水準で統計学的に有意な差があると判断されます。

現在では多くの教科書で，**等分散性に関係なくウェルチのt検定をおこなうことが推奨されています**[25]。これは，今回の具体例で見たように，データの等分散性が保たれていればt検定の結果はほぼ変わらないこと（検定力が保たれていること），および等分散が保たれていない場合にはその崩れにしっかり対応したt値を算出できるという利点があるためです。

【Rスクリプト：ウェルチのt検定】

```
data<-read.csv("04.csv",header=F)      #データの読み込み
t.test(data[,1],data[,2])              # ウェルチのt検定
t.test(data[,1],data[,2],var.equal=F)  # ウェルチのt検定
# var.equal=F を指定しなくてもデフォルトがウェルチのt検定となっている。同
じ結果が出力されることを確認すること。
```

R
04.csv

---

[24] 2群で分散の大きさが大きく異なっている場合には，ウェルチのt検定における自由度は大きく減少します。たとえば，不偏分散の大きさが40と150の場合（標準偏差にするとだいたい6と12）には，自由度は18から13.481まで下がります。

[25] t検定を実施する前に，等分散性が保たれているかどうかを検定して，ウェルチの方法を用いるかどうかを判断するという手続きもありますが，検定の多重性の観点から，推奨されるべきでないと主張する研究者もいます。また，フリー統計ソフトRにおけるt検定（t.test）のデフォルトの設定もウェルチのt検定となっています。

2-6 分散分析の基礎

　分散分析とは，水準が3つ以上，あるいは要因が2つ以上ある場合に，要因の効果を検討するための検定手法です。本節ではまず，分散分析で使用する用語や概念を紹介し，分散分析の検定統計量である F 値が算出される仕組みを解説します。

2-6-1 分散分析と統計デザイン

> ● 統計デザイン（Statistical design）：要因と水準の数およびデータの独立性に応じて統計手法を計画すること。

　まずは，分散分析を使用する際の用語について整理しましょう。心理学研究では，実験を実施する以前に，どのような統計学的検討をおこなうかを決めておかなければいけません。これを，**統計デザイン**とよびます。具体的には，**要因，水準の数，データの対応を考慮して，どのような統計手法を用いるかを決めます。要因とは独立変数，水準とは群や条件に対応する**用語です。要因とはたとえば，英語の学習法や，反応課題における刺激の呈示位置などです。この要因によって，2つ以上の水準がつくられます。たとえば，要因が学習法であれば「古い学習法・新しい学習法」，刺激の呈示位置であれば「左・真ん中・右」などの水準がつくられます（図2-17）。データの対応は，t 検定の場合と同じく，心理学研究では通常，水準間のデータが同じ実験参加者から得られたかどうかで決まります。

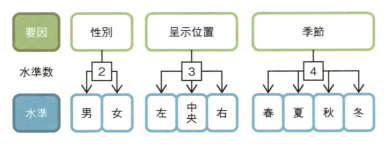

図2-17 要因と水準の例

2-6-2 分散分析の種類

- 分散分析（Analysis of variance）：3水準以上あるいは2要因以上のデータにおいて要因の効果を検討する検定手法。
- 参加者間要因（Between-participant factor）：水準間のデータに相関がない要因。他分野では，繰り返しのない要因ともよばれる。
- 参加者内要因（Within-participant factor）：水準間のデータに相関がある要因。他分野では，反復測定要因ともよばれる。

分散分析とは，**3水準以上あるいは2要因以上のデータにおいて要因の効果を検討する検定手法**です。論文などでは，ANOVA（Analysis of variance）と表記されることもあります。分散分析では，実験者が設定した要因の数と水準の数に応じて分析方法が変わります[26]。要因が1つである場合には**1要因の分散分析**，要因が2つの場合には**2要因の分散分析**，要因が3つの場合には**3要因の分散分析**とよびます。このように分散分析には多くの種類がありますが，本書では，すべての分析の基礎となる1要因と2要因の分散分析を解説します。

2要因以上の場合，水準の数は，要因ごとに異なってもかまいません。たとえば，要因が刺激呈示位置と反応手の2種類（2要因）ある場合に，

---

[26] いっぽうで，t検定は2群の平均値差の比較に用いる手法であるため，常に要因が1つで水準は2つです。t検定を用いる場合には通常，要因や水準という言葉は用いませんが，あえて分散分析と同様のよび方をすれば，1要因2水準の統計検定となります。

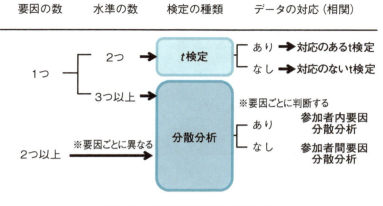

図2-18 さまざまな統計デザイン

　刺激呈示位置が3条件（左・真ん中・右），反応手が2条件（右手・左手）であっても問題はありません。このような統計デザインを用いる際に，それぞれの要因の水準数をわかりやすくするために**2要因（3×2）の分散分析**と表現することがあります。

　分散分析において水準間に相関のあるデータを扱う場合には，その要因を**参加者内要因**とよび，データに相関のない場合と異なる検定統計量の計算式を用います。水準間に相関がない要因は，**参加者間要因**とよばれます。参加者内・参加者間というよび名は，おもに心理学領域で用いられている言葉です。ほかの研究分野ではそれぞれを「**繰り返しのない要因**」「**反復測定要因**」とよぶことがあるため，ほかの分野の統計学の教科書などを参照する際には注意してください。図2-18に，要因と水準の数と検定方法の対応関係を示します。

2-6-3 要因の主効果

- **要因の主効果（Main effect）**：要因によって分けられた水準間における平均値の変動。

表2-6 分散分析における要因の主効果

水準の数	2つ（2水準）	3つ以上（n水準）
帰無仮説	2水準の平均値が同じである	n水準の平均値が同じである
対立仮説 (要因の主効果)	2水準の平均値が同じでない	n水準の平均値が同じでない
解釈	≒2群の平均値に差がある	≒n群の平均値はばらついている

　分散分析は，水準が3つ以上ある場合，あるいは要因が2つ以上ある場合に，要因の効果を検討する手法です．要因の効果とは，水準が2つだけの場合には，2群の平均値差を意味します．水準が3つ以上の場合には，**各水準の平均値が要因によって変動すること**を意味します．このような要因の効果は，分散分析の文脈ではとくに**要因の主効果**とよばれます．

　要因の主効果は，**帰無仮説と対立仮説の考え方**を用いると少しわかりやすくなります（**表2-6**）．2水準の場合の要因の効果の帰無仮説は，「2群の平均値が同じである」となります．同様に，3水準の場合は，「3群の平均値が同じである」になります．この帰無仮説に対する対立仮説は，「3群の平均値にばらつきがなくはない」となります．このとき「3群のうちのどの群とどの群の間に差がある」という，特定の2群間の関係については仮定していないことに注意しましょう．

2-6-4 分散分析の検定統計量

> ● F値（F-statistic）：「水準間の平均値のばらつき÷水準内のデータのばらつき」で計算される．

　分散分析とは，その名のとおり「ばらつき」を分析するための手法です．t検定や分散分析では，**群間の平均値の違いを「ばらつき」としてと**

らえます。比較するデータが2群のみの場合は，あまり「平均値がばらついている」という表現はしっくりこないかもしれません。しかし，比較する群が3つ以上になった場合は，「平均値がばらついている」という表現のほうが適切でしょう。ここで重要なことは，分散分析では，比較する群の数がいくつであろうと，平均値の違いを「平均値のばらつき」ととらえ，それを要因の効果とよぶ点です。

　そのため，**分散分析と t 検定の検定統計量の計算の原理は共通します**。分散分析の検定統計量である **F値**は，「水準間の平均値のばらつき÷水準内のデータのばらつき」で計算されます。いっぽう，t 検定の検定統計量である t 値は「2群の平均値差÷水準内のデータのばらつき」で計算されます。ここで，2群の場合も「平均値がばらついている」と考えれば，両者の計算式の構造は一致します。実際に，t 検定を1要因2水準の分散分析ととらえると，t 検定の検定統計量である t 値の2乗と分散分析の検定統計量である F 値は一致します。

　数学的に細かい話をすると，計算の過程において**ばらつきの指標として標準偏差を使用するのが t 検定，分散を使用するのが分散分析**という違いがあります。これは，t 値の算出式の分子が平均値の差であることに起因します。比の意味を明確にするためには分母も同じ単位でなければいけないため，分母のばらつきの指標に標準偏差を用いるのです。いっぽうで，分散分析の F 値の分子は，平均値の差（単位がデータと同じ）ではなく分散（単位がデータの2乗）を使用します。そのため，分母も標準偏差ではなく分散を使用するのです。なぜ分散を使うのかというと，ルートの計算をしなくていい分標準偏差よりも作業が楽になるためです。

2-7 １要因の分散分析

本節では、実際に１要因の分散分析を実施し、その計算過程および結果の解釈について学びます。まず参加者間要因の分散分析、次に参加者内要因の分散分析をおこないます。

2-7-1 参加者間１要因分散分析

> ● 分散分析表：F 値の計算過程で算出された重要な検定統計量を記載した表。

具体的なデータにもとづいて、分散分析における有意性判断の仕組みを理解していきましょう。まずは参加者間の１要因分散分析をおこないます。今回分析するデータを表2-7に示し、３群の平均値を棒グラフにしたものを図2-19に示します。

具体的な計算に移る前に、先に検定結果を確認してしまいましょう。今回の参加者間１要因３水準の分散分析の検定結果を反映した**分散分析表**を表2-8に示します。分散分析表とは、一般的な統計ソフトで分散分析をおこなった際に

表2-7 １要因３水準分散分析データ

	A_1	A_2	A_3
1	90	80	78
2	88	62	60
3	84	73	63
4	98	68	59
5	90	83	70
6	78	76	60
7	94	70	65
8	91	72	69
9	88	66	60
10	79	70	70
平均値	88.00	72.00	65.40

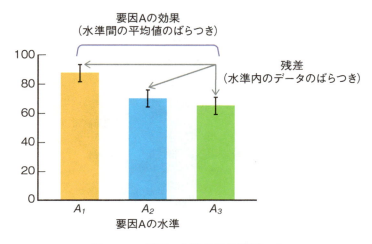

図2-19　1要因3水準分散分析データ

表2-8　1要因3水準の分散分析表

	平方和 (SS)	自由度 (df)	平均平方 (MS)	F値 (F-statistic)	有意確率 (p-value)
要因A	2701.07	2	1350.53	34.39	$p < 0.001$ ***
残差 (Error)	1060.40	27	39.27		
全体	3761.47	29			

は必ず出力される表です。この表には，F値やp値とともに，それらの**検定統計量を計算する過程で算出された重要な統計量**がまとめてあります。表に記載されている具体的な統計量は次項で詳しく解説します。この分散分析表に記載されている自由度，F値，p値を確認すると，分散分析の結果，統計的に有意な要因Aの主効果が得られたことがわかります（$F(2, 27) = 34.39$, $p < 0.001$）。

【Rスクリプト：anovakunを用いた1要因参加者間分散分析】
#サイトからダウンロードしたanovakun_***.txtを、「Rコードのソースを読み込み」からを読み込んでおくこと[27]

```
data<-read.csv("05.csv",header=F)          #データの読み込み
anovakun(data,"As",3)                       #1要因参加者間分散分析
```

[27] 「http://riseki.php.xdomain.jp/index.php?ANOVA君」からダウンロードできます。***には具体的なバージョン名（数字）が入ります。

2-7-2 構造方程式

- 平方和（Summed square）：偏差の2乗の総和。
- 平均平方（Mean square）：平方和を自由度で割ったもの。
- 残差（Error, Residual）：要因の効果とは考えられないデータのばらつき。誤差要因ともよばれる。
- 構造方程式（Structure equation）：データ全体のばらつきを、さまざまな要素の総和として表した式。

分散分析表（表2-8）に記載されている統計量についてみていきましょう。**平方和**（SS）と**平均平方**（MS）はともに、ある要因に起因する水準間のデータのばらつきの大きさを示します。平方和は**各群の偏差の2乗の総和**によって求められ、平均平方は**平方和を自由度で割った値**です（$MS = SS \div df$）。この2つの統計量はともに、要因の効果の大きさを反映します。次に、分散分析表において要因Aの下にある**残差**（Error）は、測定誤差や個人差などの誤差要因、すなわち**要因の効果とは考えられないデータのばらつき**です。この統計量は、水準内のばらつきを総和することによって求められます。

分散分析では、要因の効果が残差（測定誤差や個人差）で説明できない

図2-20 参加者間1要因分散分析の構造方程式

ほど大きければ，**水準間のばらつきは要因によって引き起こされたばらつきである**と結論されます。逆に，要因の効果が残差にくらべて小さい，あるいはそれほど変わらない場合には，水準間の差は要因の効果ではなく，偶然生じたばらつきである可能性が高いと解釈されます。

また，分散分析表において重要なことは，**要因の効果と残差を足すと，データ全体のばらつきと等しくなる**点です。分散分析では，データのばらつきを，いくつかの要素に分解します。参加者間の1要因分散分析の場合，データ全体のばらつき（全体の平方和：SS_{Total}）は，要因の効果（要因Aの平方和：SS_A）とそれ以外の誤差によるばらつき（残差の平方和：SS_{Error}）の総和と等しいことを仮定します（図2-20）。この仮定を数式で記述すると，（式14）になります。

$$SS_{Total} = SS_A + SS_{Error} \quad (式14)$$

このような式を**構造方程式**とよびます[28]。今回の例は1要因であるため，「すべてのばらつきが，1つの要因の要素（SS_A）と残差の要素（SS_{Error}）の和と等しい」というシンプルな構成ですが，要因が増えた場合には，その数に応じて構造方程式を構成する要素も増えます。

---

[28] 全体のばらつきが「いくつかの要素の総和」に等しいという点が重要です。つまり，全部の要素を足していったら，余りなくすべてのばらつきが説明できるという仮定があるのです。このとき，ばらつきを算出するデータ内に相関があると，全部の要素を足しても全体のばらつきを説明できなくなってしまいます。要素に重複が生じると考えればわかりやすいでしょうか。そのため，統計的仮説検定においては，データの独立性が担保されている必要があるのです。

2-7-3 参加者間1要因分散分析におけるF値の算出

- SS_{Total}：全体の平方和。データ全体のばらつき。
- SS_A：要因Aの平方和。要因Aによって引き起こされた水準間のばらつき。
- SS_{Error}：残差の平方和。全体から要因の効果を引いて残った誤差。

1要因分散分析における要因Aの効果のF値は，

$$F = \frac{MS_A}{MS_{Error}} \qquad (式15)$$

によって算出されます。すなわち，F値は，要因Aの平均平方（MS_A）を残差の平均平方（MS_{Error}）で割った値です。要因Aの平均平方は水準間のばらつき，残差の平均平方和は水準内のばらつきを反映するため，F値は「**水準間のばらつき（要因の効果）÷水準内のばらつき（残差要因）**」という構造をもつことがわかります。

ここまで，難しい用語がいっきに出てきて戸惑うでしょうが，分散分析表を用いると，F値の算出は直感的に理解可能です。**図2-21**のように，分散分析表に割り算の記号（÷）やイコール（＝）を追加すると，各統計量

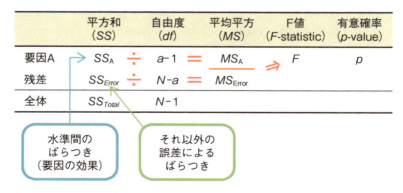

図2-21　参加者間1要因分散分析表の読み方

の関係がわかりやすくなります。図において N は全体のデータ数，a は水準数を示しています。図2-21を見ると，まず，平均平方和 MS は，平方和 SS を自由度 df で割ったものであることがわかります。つまり，表の中に以下のふたつの式が存在することがわかります。

$$SS_A \div (a-1) = MS_A \tag{式16}$$

$$SS_{Error} \div (N-a) = MS_{Error} \tag{式17}$$

次に，平均平方 MS の列では，MS_A と MS_{Error} との間に横棒が挿入されています。この横棒を分数のように考えると，分散分析表の MS の列は，「MS_A/MS_{Error}」となります。すなわち，さきほど示した F 値の計算式（式15）と同じ形となるのです。

最後に，自由度と算出された F 値にもとづいて p 値を決定すれば，分散分析による要因の効果の有意性判断は終了です。p 値の算出は，t 検定で t 分布にもとづいたのと同様に，F 分布という確率分布を利用して実施します。

2-7-4 参加者間1要因分散分析における平方和の算出

さてそれでは，肝心の SS_{Total}，SS_A，SS_{Error} という各要素の算出方法を確認しましょう。計算式を記号で表すと，とても難しく思えますが，じつはそこまで大変な計算ではありません。SS_{Total}，SS_A，SS_{Error} はそれぞれ，以下の式で計算されます。

$$SS_{Total} = \sum_{j=1}^{a}\sum_{i=1}^{n}(x_{ij}-\bar{T})^2 \tag{式18}$$

$$SS_A = n\sum_{j=1}^{a}(\bar{A}_j-\bar{T})^2 \tag{式19}$$

$$SS_{Error} = \sum_{j=1}^{a}\sum_{i=1}^{n}(x_{ij}-\bar{A}_j)^2 \tag{式20}$$

a は要因Aの水準数，n は各群のデータ数を示します。$\bar{T}$ は全体データの平均値，$\bar{A}_j$ は要因Aに関する各群の平均値です。x_{ij} は個々のデータを示し

ます。(式18)～(式20)において，iは各群のデータ数nに関する数値なので，各群のデータ数が10だとしたら，1～10が入ります。いっぽうで，jは水準数aに関する数値なので，3水準の要因であれば1～3が入ります。また，上記3つの式およびこれ以降に登場する平方和の算出式について，各水準のデータ数が等しいものと仮定した式を記載しています。これは，数式をできるだけわかりやすく記述する目的のためです。

シグマ記号が出てくると数式はいっきにややこしく見えます。しかし，これらの数式を次のように日本語になおしてしまえばそんなことはなくなります。

SS_{Total}＝(個々のデータ－全体の平均)² の総和
　　　　＝全データ数×(全データの標本分散)　　　　　　　(式21)

SS_A＝群内のデータ数×(群jの平均値－全体の平均)² の総和
　　　＝全データ数×(各群の平均値の標本分散)　　　　　(式22)

SS_{Error}＝群内のデータ数×(群j内の個々のデータ－群jの平均)² の総和
　　　　＝群内のデータ数×(各群の標本分散)の総和　　　(式23)

まず，(式21)では，要因の効果と個人差・測定誤差など**すべての要素を含んだデータのばらつき**を計算しています。SS_{Total}は全データの偏差の2乗の総和で求められます。

次に，(式22)では，要因の効果を表す，**各群の平均値のばらつき**を計算しています。たとえば，すべての群の平均値が等しい場合（要因の効果がない場合）には，各群の平均値と全体の平均値は一致します。このとき，(式22)の括弧の中はゼロになるため，SS_Aもゼロになります。いっぽうで，各群の平均値のばらつきが大きくなると，SS_Aも大きくなります。3水準の場合には，3群の平均値の分散に全データ数を掛けることによってSS_Aが求められます。

最後に，(式23)では，要因の効果とは考えられない誤差，すなわち**群内のばらつき**を計算しています。SS_{Error}は，各群の分散の総和に群内のデータ数を掛けることによって求められます。

2-7-5 参加者間1要因分散分析における有意性判断

- F分布（F-distribution）：F値を決定するための確率分布。2つの自由度によって分布の形が決定される。
- F分布表（F-distribution table）：F値の下限値を自由度ごとに記載した表。

それでは，（式21）〜（式23）に数値を代入して，実際に要因の効果の有意性判断をおこなってみましょう。表2-9は平方和の計算に必要なデータをまとめたものです。表2-9における「各群の平均値の分散」は，3水準（A_1〜A_3）の平均値3つ（88.00，72.00，65.40）の標本分散です。

これらの数値にもとづいて，各平方和（SS_{Total}，SS_A，SS_{Error}）を求めましょう。まず，（式21）〜（式23）にそれぞれもとづくと，

$SS_{Total} = 30 \times 125.38 = 3761.47$

$SS_A = 30 \times 90.04 = 2701.07$

$SS_{Error} = 10 \times (35.00 + 36.20 + 34.84) = 1060.40$

であることがわかります。

次に，これらの平方和の値を用いて，2つの要因の平均平方（MS_A，

表2-9　1要因3水準分散分析の基礎データ

	A_1	A_2	A_3
各群のデータ数	10	10	10
各群の平均値	88.00	72.00	65.40
各群内の分散	35.00	36.20	34.84
各群の平均値の分散	90.04		
全データの分散	125.38		

MS_{Error}）を算出します。要因Aの水準の数は3なので，SS_Aの自由度は「3－1＝2」，残差の要因SS_{Error}の自由度は「全体のデータ数－要因Aの水準数」であるため，「30－3＝27」となります。ちなみに，2つの要因の自由度を足しあわせると「27＋2＝29」となり，全体の自由度「30－1＝29」に一致します。

平均平方は，平方和をそれぞれの自由度で割ると算出できるため，

$$MS_A = 2701.07 \div 2 = 1350.53 \tag{式24}$$

$$MS_{Error} = 1060.40 \div 27 = 39.27 \tag{式25}$$

となります。最後に，（式15）にもとづき，要因の平均平方を残差の平均平方で割ることによりF値を算出すると，

$$F = 1350.53 \div 39.27 = 34.39 \tag{式26}$$

となります。一連の計算過程を先ほどの分散分析表に追記したので，対応関係を確認してください（表2-10）。

F値が算出されたら，**F分布**を用いて，要因の有意確率を算出します。t分布と同様，F分布は自由度によってその形が決まります。ただし，**F分布は2つの自由度の値によってその分布の形が決定されます**。その2つの自由度とは，F値を求める際に使用した要因（MS_A，MS_{Error}）の自由度で

表2-10　1要因3水準分散分析のF値の計算過程

	平方和 (SS)	自由度 (df)	平均平方 (MS)	F値 (F-statistic)
要因A	SS_A 30×90.04 ＝2701.07	df_A 3－1 ＝2	MS_A 2701.07÷2 ＝1350.53	F_A 1350.53÷39.27 ＝34.39
残差	SS_{Error} 10×(35.00＋36.20＋34.84) ＝1060.40	df_{Error} 30－3 ＝27	MS_{Error} 1060.40÷27 ＝39.27	
全体	SS_{Total} 30×125.38 ＝3761.47	df_{Total} 30－1 ＝29		

す。表2-10に示す1要因3水準分散分析の場合，要因Aの自由度は2で，残差の自由度は27です。

統計ソフトを使用する場合には，F値と2つの自由度にもとづいて有意確率が直接計算されます。ただし今回は，t検定の際と同様に，**F分布表**を用いて要因の主効果の有意性判断を実施してみましょう。付録（p. 253〜p. 255）に5％，1％，0.1％水準に対応するF分布表を示します。t分布表と異なり，2つの自由度から1つのF値の下限値が決定されるため，表の形式が異なる点に注意してください。

もっとも厳しい有意水準である0.1％水準のF分布表（p. 255）にもとづいて，自由度（2, 27）に対応するF値の下限値を確認すると，3.354となっています。今回の計算で得られたF値は34.39であり，3.354を上回っています。そのため，1要因3水準の分散分析の結果，「統計的に有意な要因Aの主効果が得られた（$F(2, 27)=34.39$，$p<0.001$）」ことが結論できます。分散分析の検定結果において自由度を記述する際には，**要因の自由度（F値の分子），残差（F値の分母）の自由度の順**で記載してください。

2-7-6 参加者内1要因分散分析

参加者内要因の分散分析とは，ある要因の**水準間のデータに相関がある場合に実施する分散分析**です。このようなデータは独立性の仮定を満たさないため，F値の計算の際に工夫が必要となります。具体的には，**実験参加者に起因する要因を分離する**という方法をとります。この方法は，個人差によるデータのばらつきを要因の効果の検討から除外するという点で，対応のあるt検定と同じ方法です。

参加者内要因の分散分析では，構造方程式に実験参加者に関する要因を追加する必要があります。参加者内1要因の分散分析の構造方程式は，

$$SS_{Total} = SS_A + SS_p + SS_{pA} \tag{式27}$$

となります。この（式27）を参加者間分散分析の構造方程式（式14）と比較すると，SS_{Error}の代わりに，SS_pとSS_{pA}が登場していることがわかり

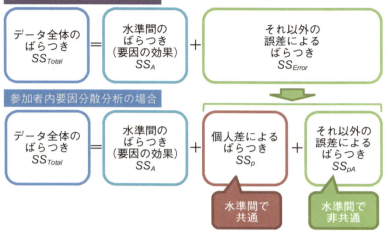

図2-22 参加者間・内1要因分散分析の構造方程式の変化

ます（図2-22）。SS_pはすべての水準に共通に影響する，**実験参加者に起因するばらつき**です[29]。これは，**水準間で相関する，個人差に関する成分**であると言い換えることができます。いっぽう，SS_{pA}は，参加者間分散分析における残差SS_{Error}に対応する「偶然の誤差」であると解釈してください。つまり，設定した要因の効果でもなく，個人に共通する要素でも説明できない，偶然のばらつき成分です。

1要因分散分析における参加者内要因の効果に関するF値は次の（式28）で算出されます。

$$F = \frac{MS_A}{MS_{pA}} \tag{式28}$$

pAという添え字は，参加者要因と要因Aの交互作用を示します。

構造方程式はすべてのばらつきを，各要素のばらつきの総和で説明します。データ全体のばらつきと要因の効果の大きさが変わらない状況では，ばらつきを構成する要素（SS_p）が新たに加えられた場合には，**残差に対応する要素（SS_{pA}）の占める割合は相対的に減少します**。これは，図

---

[29] 慣習的には$SS_{Subject}$あるいはSS_Sと表記されることが多いですが，本書ではSS_pと表記します。そのため，従来の教科書でSS_{sA}と表記される箇所も，SS_{pA}と表記しますので，ほかの文献と比較する際には注意してください。

2-21でいうと，緑色の誤差要因が全体に占める割合が減っていることを意味します。残差要因は検定統計量の分母であるため，残差要因が小さくなると，F値は大きくなります。したがって，参加者要因が大きくなるほど，検定力の上昇をもたらします。

参加者内分散分析において残差に対応する要素が減少するのは，**要因Aの効果に関するF値の算出において，実験参加者に起因するばらつき（SS_p）が除外される**ためです。図2-22は，各要素（SS_A, SS_p, SS_{pA}）がどのようにデータに影響しているかを示しています。SS_Aはすべての実験参加者に対して同様の影響を与え，SS_pは要因Aのすべての水準（A_1〜A_3）に対して同様の影響を与えます（青と赤の矢印）。いっぽうで，SS_{pA}はどの要因とも独立にデータに影響します。つまり，図2-23の緑の矢印は，すべてランダムな誤差をもたらします。要因Aがデータに効果を与えたかどうかは，偶然の誤差にくらべて要因Aの効果がどれだけ大きいかで判断されます。SS_pは要因Aのすべての水準に等しく影響を与えるため，偶然の誤差とはなりません。そのため，**SS_{pA}のみが偶然の誤差として解釈されます**。このような仕組みによって，要因Aに関するF値の算出式

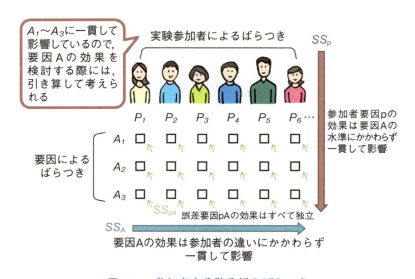

図2-23　参加者内分散分析のばらつき

（式28）においては，SS_p の要因は除外され，SS_A と SS_{pA} の比が計算されるのです。

2-7-7 参加者内1要因分散分析における有意性判断

構造方程式を分散分析表の形で表すと，表2-11のようになります。参加者間要因の分散分析と比較すると，参加者要因 p が新たに追加され，残差要因が Error ではなく pA という文字で表されています。表2-11において，n は水準内のデータ数，a は要因Aの水準数，N は全体のデータ数を表します。

各要素の計算式を（式29）〜（式32）に示します。SS_{Total} と SS_A の計算式は，参加者間分散分析の場合と同じです。SS_p は，実験参加者を要因のひとつであると想定した計算方法となっています。SS_{pA} の計算式は複雑になりましたが，その値の算出自体は大変ではありません。なぜなら，構造方程式の性質上，SS_{pA} 以外の要素がわかれば，**全体（SS_{Total}）から引き算して求めることができる**ためです。

$$SS_{Total} = \sum_{j=1}^{a} \sum_{i=1}^{n} (x_{ij} - \bar{T})^2 \qquad (式29)$$

$$SS_A = n \sum_{j=1}^{a} (\bar{A}_j - \bar{T})^2 \qquad (式30)$$

表2-11 参加者内1要因分散分析

	平方和 (SS)	自由度 (df)	平均平方 (MS)	F値 (F-statistic)	有意確率 (p-value)
要因p	SS_p	$n-1$	MS_p		
要因A	SS_A	$a-1$	MS_A	F_A	p
残差 (pA)	SS_{pA}	$(n-1)(a-1)$	MS_{pA}		
全体 (Total)	SS_{Total}	$N-1$			

$$SS_p = a \sum_{i=1}^{n} (\bar{p}_i - \bar{T})^2 \quad \text{(式31)}$$

$$SS_{pA} = a \sum_{j=1}^{a} \sum_{i=1}^{n} (x_{ij} - \bar{A}_j - \bar{p}_i + \bar{T})^2$$

$$= SS_{Total} - SS_A - SS_p \quad \text{(式32)}$$

（式31）と（式32）に $\bar{p}_i$ は，i 番目の参加者における要因Aの各水準のデータの平均値を意味します。それでは，実際に参加者間1要因3水準の分散分析を実施してみましょう。構造方程式における各要素の数値の変化を確かめるために，参加者間1要因3水準分散分析と同じデータ（**表2-12**）を分析の対象とします。今回は計算の過程は省いて，分散分析表の数値をもとに解説します。読者のみなさんは，ぜひ**表2-12**から（式29）～（式32）を使用して各要素の平方和，平均平方を算出してみてください。

まず，**表2-13**における要因p，要因A，残差の平方和をすべて足すと，全体の平方和になることを確認しましょう（481.47＋2701.07＋578.93＝3761.47）。全体の平方和と要因Aの平方和の値は，参加者間分散分析の場合（**表2-10**）と変わりません。また，参加者間分散分析の残差に対応する要素は，要因pと残差（pA）に分解されたため，2つの値の合計は参加者間分散分析の残差（Error）の値と一致します（481.47＋578.93＝1060.40）。

次に，要因Aの効果の分母となる平均平方 MS を確認してみまし

表2-12　参加者間1要因3水準の分散分析データ（表2-8の再掲）

	A_1	A_2	A_3
1	90	80	78
2	88	62	60
3	84	73	63
4	98	68	59
5	90	83	70
6	78	76	60
7	94	70	65
8	91	72	69
9	88	66	60
10	79	70	70
平均	88.00	72.00	65.40

表2-13 参加者内1要因分散分析表

	平方和 (SS)	自由度 (df)	平均平方 (MS)	F値 (F-statistic)	有意確率 (p-value)	
要因p	481.47	9	53.50			
要因A	2701.07	2	1350.53	41.99	$p < 0.001$	***
残差 (pA)	578.93	18	32.16			
全体 (Total)	3761.47	29				

ょう。参加者間分散分析のMS_{Error}が39.27であったのに対して、参加者内分散分析のMS_{pA}は32.16となりました。これに伴い、要因Aに関するF値も34.39から41.99と大きくなりました。この変化が、参加者の要因を残差から区別した影響です。参加者要因が大きいほど、残差要因の影響は小さくなります。そして残差が小さくなると、F値が大きくなります。

F値が算出された後は、F分布、F値、自由度にもとづいて有意確率を計算します。参照する自由度は、F値を計算するための分子（SS_A）と分母（SS_{pA}）の自由度です。そのため、今回の参加者内1要因3水準の分散分析の自由度は、2と18となります。

【Rスクリプト：anovakunを用いた1要因参加者内分散分析】
```
# anovakun_xxx.txtをあらかじめ読み込んでおくこと
data<-read.csv("06.csv",header=F)         #データの読み込み
anovakun(data,"sA",3)                     #1要因参加者内分散分析
```

2-8 2要因の分散分析

2要因の分散分析も，基本的な仕組みと解釈は1要因の分散分析と変わりません。要因の効果も相変わらず「水準間のばらつき÷水準内のばらつき」で計算されます。ただし，2要因以上の分散分析で注意しなければならない概念として，交互作用があります。まずは交互作用について解説した後，2要因分散分析における分散分析表の各要素の計算方法を確認していきます。

2-8-1 交互作用

- 主効果（Main effect）：ほかの要因とは独立に特定の要因が与える効果。
- 交互作用（Interaction effect）：要因の主効果のみでは説明できない効果。

交互作用とは，**要因の主効果のみでは説明できない効果**を意味します。要因の主効果は，ほかの要因とは独立に，特定の要因がデータに与える効果です。主効果と交互作用の関係を，2要因（3×2）の分散分析の例を用いて確認してみましょう。**図2-24a**では，2つの要因のどちらの効果も存在しません。ここでいう効果とは，測定誤差や個人差などのランダムな要因（残差要因）よりも大きい影響をさします。**図2-24b**では，要因Aにおける3水準がばらついています。これが要因Aの効果です。

次に，**図2-24c**のグラフを見てください。要因Aに加えて，要因Bの主効果も加わっています。つまり，要因Bが要因Aに関する3水準に共通して，要因Bに関連する2水準に影響しています。このような場合，**2つの要因の効果はそれぞれ独立である**と考えられます。

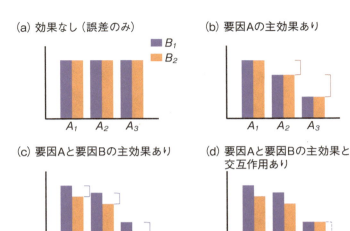

図2-24 主効果と交互作用

　最後に，**図2-24d**を見てください。**図2-24c**と比較すると，A_3においてのみ，B_1とB_2の平均値が等しくなっています。つまり，**特定の水準のみに影響する効果がある**ことがわかります。主効果は独立であることが仮定されているため，特定の水準のみには作用しません。つまり，**図2-24d**には，要因の主効果のみでは説明できない交互作用が存在している，と解釈されるのです。

　交互作用が有意となった際には，**主効果が存在しているかどうかを改めて検討しなおす**必要があります。**図2-24d**の例では，「要因Aの主効果＋要因Bの主効果＋交互作用」という形でデータの説明が可能です。そのいっぽうで，要因Bの効果を仮定しなくてもデータのばらつきを説明することは可能です。すなわち，「要因Aの主効果に加えて，A_1とA_2のみに要因Bの効果がある（要因Aの主効果＋交互作用）」と考えても，**図2-24d**のデータのばらつきを説明できます。**このように，交互作用がみられた際には，要因の効果の組み合わせに関する解釈の可能性は複数存在**します。そのため，追加の検定をおこない，どのような効果が存在するのかを確かめなければいけません。この検定を**単純主効果の検定**とよびます。単純主効

果の検定の詳しい説明は 2-8-8 項 に回し，さきに2要因分散分析の検定統計量の算出方法について解説を進めていきます。

2-8-2 参加者間2要因分散分析

> ● プール（Pool）：異なる水準に属するデータを平均して処理すること。

参加者間2要因の分散分析の構造方程式は，次式のようになります。

$$SS_{Total} = SS_A + SS_B + SS_{AB} + SS_{Error} \tag{式33}$$

要因AとBによるばらつきが SS_A と SS_B，要因Aと要因Bの交互作用によるばらつきが SS_{AB}，それ以外の誤差要因によるばらつきが SS_{Error} です。参加者間2要因の分散分析の構造方程式を，分散分析表に反映させたものを**表2-14**に示します。

分散分析表の見方は，1要因の分散分析の際と同じです。交互作用や残差の自由度の算出方法が1要因の分散分析の場合と異なるため，注意してください。次に，構造方程式における各要素の平方和の算出方法を（式34）〜（式38）に示します。

表2-14　参加者間2要因分散分析表

	平方和 (SS)	自由度 (df)	平均平方 (MS)	F値 (F-statistic)	有意確率 (p-value)
要因A	SS_A	$a-1$	MS_A	F_A	p
要因B	SS_B	$b-1$	MS_B	F_B	p
交互作用AB	SS_{AB}	$(a-1)(b-1)$	MS_{AB}	F_{AB}	p
残差(Error)	SS_{Error}	$N-ab$	MS_{Error}		
全体(Total)	SS_{Total}	$N-1$			

$$SS_{Total} = \sum_{k=1}^{n}\sum_{i=1}^{a}\sum_{j=1}^{b}(x_{ijk}-\bar{T})^2 \quad (式34)$$

$$SS_A = n\sum_{i=1}^{a}(\bar{A}_i-\bar{T})^2 \quad (式35)$$

$$SS_B = n\sum_{j=1}^{b}(\bar{B}_j-\bar{T})^2 \quad (式36)$$

$$SS_{AB} = n\sum_{i=1}^{a}\sum_{j=1}^{b}(x_{ij}-\bar{A}_i-\bar{B}_j+\bar{T})^2 \quad (式37)$$

$$SS_{Error} = n\sum_{i=1}^{a}\sum_{j=1}^{b}V_{ij} \quad (式38)$$

aは要因Aの水準数，bは要因Bの水準数，nは1群におけるデータ数です。（式38）のVは標本分散を示します。これらの式を，例のごとく日本語になおすと，以下のようになります。

SS_{Total}＝全データの数×（全データの標本分散） （式39）

SS_A＝全データの数
　　×（要因Bをプールした各群の平均値の標本分散） （式40）

SS_B＝全データの数
　　×（要因Aをプールした各群の平均値の標本分散） （式41）

SS_{AB}＝全データの数×$(V_{AB}-V_{A\cdot}-V_{\cdot B})$
　　　$=SS_{Total}-(SS_A+SS_B+SS_{Error})$ （式42）

SS_{Error}＝群内のデータの数×（各群の標本分散）の総和 （式43）

ここで，**プール**という用語が登場しました。プールとは，**異なる水準に属するデータをまとめる（平均する）こと**をいいます。たとえば，「要因Aをプール」といったときには，要因Aに関する複数の水準を平均します。たとえば，2要因（3×2）の分散分析のデータにおいて要因Aをプールすると，要因Bに関する水準のみが残り，形としては1要因2水準のデータになります。

（式40）と（式41）からわかることは，2要因以上の分散分析において

は，**あるひとつの要因の効果は，もう一方の要因の水準をプールしたデータに対して検討される**ということです。（式42）では，式が長くなるのを避けるため，「要因Bをプールした各群の平均値の標本分散」を「$V_{A\cdot}$」と表しています。交互作用の平方和は，全体の平方和から各要素の平方和を引くことによっても算出できます。

今回分析対象とする，参加者間2要因（3×2）の分散分析のデータを表2-15に示します。さらに，表2-16に，要因Aと要因Bをそれぞれプールしたデータを示します。表の左側3列は要因Bをプールしたデータ，右側2列は要因Aをプールしたデータです。

表2-15　参加者間2要因分散分析データ

	A_1		A_2		A_3	
	B_1	B_2	B_1	B_2	B_1	B_2
1	90	70	80	65	78	75
2	88	78	62	50	60	62
3	84	77	73	60	63	60
4	98	86	68	59	59	58
5	90	80	83	70	70	71
6	78	75	76	69	60	62
7	94	80	70	62	65	60
8	91	82	72	61	69	66
9	88	75	66	55	60	62
10	79	65	70	60	70	75
平均値	88.00	76.80	72.00	61.10	65.40	65.10
分散	35.00	32.56	36.20	32.49	34.84	36.29

表2-16 要因をそれぞれプールしたデータ

	要因Bをプール			要因Aをプール	
	A_1	A_2	A_3	B_1	B_2
1	80.00	72.50	76.50	82.67	70.00
2	83.00	56.00	61.00	70.00	63.33
3	80.50	66.50	61.50	73.33	65.67
4	92.00	63.50	58.50	75.00	67.67
5	85.00	76.50	70.50	81.00	73.67
6	76.50	72.50	61.00	71.33	68.67
7	87.00	66.00	62.50	76.33	67.33
8	86.50	66.50	67.50	77.33	69.67
9	81.50	60.50	61.00	71.33	64.00
10	72.00	65.00	72.50	73.00	66.67
平均値	82.40	66.55	65.25	75.13	67.67
分散	29.04	32.97	33.31	16.05	8.38

2-8-3 参加者間2要因分散分析における平方和の算出

表2-15のデータに対して、各要素の平方和を順に計算していき、F値を求めます。まずはSS_{Total}を計算しましょう。（式39）にもとづいて、全データの分散を計算し、その値にデータ数Nを掛けます。すなわち、

$$SS_{Total} = 115.71 \times 60 = 6942.40 \qquad (式44)$$

で全体の平方和が求められます。SS_AとSS_Bを算出するには、それぞれもう一方の要因をプールしたデータを参照します。表2-16を参照すると、要因Bをプールした要因Aの3水準の平均値は82.40, 66.55, 65.25です。これら3つの値の分散を計算すると、60.78となります。この値を（式40）に代入すると、

$$SS_A = 60.78 \times 60 = 3646.90 \tag{式45}$$

となります。同様に，要因Bの2水準の平均値75.13と67.67の分散を計算し，その値を（式41）に代入すると，

$$SS_B = 13.94 \times 60 = 836.27 \tag{式46}$$

となります。SS_{AB}は直接計算することもできますが，全体からほかの要素を引いたほうが計算が楽であるため，さきにSS_{Error}を求めます。（式43）にもとづくと，SS_{Error}は

$$\begin{aligned}SS_{Error} &= (35.00 + 32.56 + 36.20 + 32.49 + 34.84 + 36.29) \times 10 \\ &= 2073.80\end{aligned} \tag{式47}$$

となります。SS_{AB}はSS_{Total}からほかの要素を引くことで計算できるため，次の式で求められます。

$$SS_{AB} = 6942.40 - (836.27 + 3646.90 + 2073.80) = 385.43 \tag{式48}$$

2-8-4 参加者間2要因分散分析における有意性判断

これで，すべての平方和の値が求められました。各要素の自由度は，**表2-10**にもとづいて計算をすると，

$$df_A = 3 - 1 = 2 \tag{式49}$$
$$df_B = 2 - 1 = 1 \tag{式50}$$
$$df_{AB} = (3 - 1) \times (2 - 1) = 2 \tag{式51}$$
$$df_{Error} = 60 - 3 \times 2 = 54 \tag{式52}$$
$$df_{Total} = 60 - 1 = 59 \tag{式53}$$

となります。各平方和（SS）をそれぞれの自由度で割ると，平均平方（MS）が求められます。**参加者間要因の場合，各要因のF値の分母は常に残差（MS_{Error}）です。**

$$F_A = \frac{MS_A}{MS_{Error}} \tag{式54}$$

$$F_B = \frac{MS_B}{MS_{Error}} \tag{式55}$$

$$F_{AB} = \frac{MS_{AB}}{MS_{Error}} \tag{式56}$$

要因A,要因B,交互作用の平均平方をそれぞれMS_{Error}で割ると,

$$F_A = 3646.90 \div 38.40 = 47.48 \tag{式57}$$
$$F_B = 836.27 \div 38.40 = 21.78 \tag{式58}$$
$$F_{AB} = 385.43 \div 38.40 = 5.02 \tag{式59}$$

となり,それぞれの要因のF値が求められます。これらの結果を分散分析表に反映させると,表2-17のようになります。

この結果にもとづくと,参加者間2要因分散分析の結果,要因Aの主効果は0.1％水準($F(2, 54)=47.48$, $p<0.001$),要因Bの主効果は0.1％水準($F(1, 54)=21.78$, $p<0.001$),要因Aと要因Bの交互作用は5％水準($F(2, 54)=5.02$, $p<0.05$)でそれぞれ統計的に有意であることがわかります。

表2-17 参加者間2要因分散分析表,結果

	平方和 (SS)	自由度 (df)	平均平方 (MS)	F値 (F-statistic)	有意確率 (p-value)	
要因A	3646.90	2	1823.45	47.48	p<0.001	***
要因B	836.27	1	836.27	21.78	p<0.001	***
交互作用AB	385.43	2	192.72	5.02	p<0.05	*
残差 (Error)	2073.80	54	38.40			
全体 (Total)	6942.40	59				

Step 2 | 実践して理解しよう

> **【Rスクリプト：anovakunを用いた2要因参加者間分散分析】**
> # anovakun_xxx.txtをあらかじめ読み込んでおくこと
> *data<-read.csv("07.csv",header=F)*　　　　　#データの読み込み
> *anovakun(data,"ABs",3,2)*　　　　　　　　　#2要因参加者間分散分析

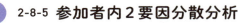

2-8-5 参加者内2要因分散分析

　2要因の統計デザインにおいて，2要因ともが参加者内要因である場合は，**参加者内2要因の分散分析**をおこないます。片方の要因が参加者内要因で，もう一方の要因が参加者間要因の場合は，混合要因分散分析という方法を使用しなければいけません。混合要因分散分析は，2-8-7項で解説します。

　それでは，まず参加者内2要因の分散分析の構造方程式がどのような要素で構成されているかを確認していきましょう（表2-18）。これ以降の平方和の計算式や計算過程は，手計算をおこなうには複雑になりすぎるため，省略し，構造方程式の解釈とF値の算出方法についてのみ解説をおこないます。分散分析を実施するうえで理解すべき重要事項は，どのようなばらつきの要因が構造方程式に含まれ，検討したい要因のF値がどのような要素との比で計算されるのか，という点です。参加者内2要因分散分析の構造方程式は（式60）で表されます。

$$SS_{Total} = SS_p + SS_A + SS_{pA} + SS_B + SS_{pB} + SS_{AB} + SS_{pAB} \quad （式60）$$

　平方和SS_A，SS_B，SS_{AB}，SS_{Total}は，参加者間・参加者内にかかわらず，2要因分散分析において共通の要素です。参加者内分散分析の場合には，これらの項目に加えて，参加者要因の平方和SS_pが登場します。この項目は，すでに参加者内1要因の分散分析（2-7-6項）でも見たとおり，実験参加者に起因し，かつ水準間に共通するばらつき成分です。

　参加者要因が追加されると，**参加者要因とそれぞれの要因との交互作用**

表2-18　参加者内2要因分散分析表

	平方和 (SS)	自由度 (df)	平均平方 (MS)	F値 (F-statistic)	有意確率 (p-value)
要因p	SS_p	$n-1$			
要因A	SS_A	$a-1$	MS_A	F_A	p
残差 (pA)	SS_{pA}	$(n-1)(a-1)$	MS_{pA}		
要因B	SS_B	$b-1$	MS_B	F_B	p
残差 (pB)	SS_{pB}	$(n-1)(b-1)$	MS_{pB}		
交互作用 AB	SS_{AB}	$(a-1)(b-1)$	MS_{AB}	F_{AB}	p
残差 (pAB)	SS_{pAB}	$(n-1)(a-1)(b-1)$	MS_{pAB}		
全体 (Total)	SS_{Total}	$N-1$			

(SS_{pA}, SS_{pB}, SS_{pAB}) が生じる可能性があるため，それらの要素も構造方程式に含まれます。参加者内1要因の分散分析においても，ある要因と実験参加者要因の交互作用の項目（SS_{pA}）が登場していました。その場合と同様に，3つの検討要因（要因A，要因B，要因ABの交互作用）の効果に関するF値の算出には，それらの要因と参加者要因の交互作用を残差要因として用います。すなわち，それぞれの要因の検定統計量F_A, F_B, F_{AB}は

$$F_A = \frac{MS_A}{MS_{pA}} \tag{式61}$$

$$F_B = \frac{MS_B}{MS_{pB}} \tag{式62}$$

$$F_{AB} = \frac{MS_{AB}}{MS_{pAB}} \tag{式63}$$

で算出されます。

2-8-6 心理学研究における参加者要因の扱い

　心理学研究における分散分析では，参加者要因は統計デザインに含めるものの，一般的には検討の対象とはなりません。なぜなら，参加者に起因する従属変数のばらつき，すなわち個人差は，サンプリングに伴う誤差であると考えているためです[30]。そのため，参加者要因による効果（平方和や平均平方）は統計デザインには含まれるものの，**参加者要因の主効果に関する有意性検定はおこなわれません**（図2-25）。

　参加者内2要因分散分析は，参加者要因を統計デザインに含んでいるため，構造方程式の観点からいうと，3要因の分散分析です。つまり，参加者内要因を含む統計デザインでは，研究としての実験デザインに加えて，要因が1つ増えているのです。しかし，心理学研究の論文などで報告する統計デザインには，参加者要因は要因数のカウントには含めません。このような理由もあり，正確な統計デザインを把握するためには，論文には，どの要因が参加者間要因で，どの要因が参加者内要因であるという情報を必ず記載しなければいけません。

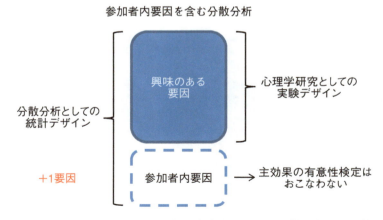

図2-25　心理学統計における参加者内要因を含む分散分析の要因数

---

[30] 心理学研究の多くは，個人差を超えたメカニズムを検討するのが目的であるためです。ただし，心理学においても，研究分野によっては個人差を主たる要因として検討することがあります。

【Rスクリプト：anovakunを用いた2要因参加者内分散分析】
```
# anovakun_xxx.txtをあらかじめ読み込んでおくこと
data<-read.csv("08.csv",header=F)          #データの読み込み
anovakun(data,"sAB",3,2)                   #2要因参加者内分散分析
```

2-8-7 混合要因分散分析

2要因以上の分散分析では，**一方の要因が参加者間要因で，他方の要因が参加者内要因である**という場合も存在します（図2-26）。このような場合には，参加者間分散分析と参加者内分散分析を混ぜた統計デザインである**混合要因分散分析**をおこないます。

混合2要因分散分析の構造方程式は，（式64）に示すように，非常に多くの要素から構成されます[31]。

$$SS_{Total} = SS_{p.bet} + SS_A + SS_{p|A} + SS_{p.within} + SS_B + SS_{AB} + SS_{pB|A} \quad \text{（式64）}$$

要因Aを参加者間要因，要因Bを参加者内要因とした場合の分散分析表を**表2-19**に示します。この分析手法に関しても，平方和の計算が複雑であるため，要因のF値がどのように計算されるかのみを確認します。

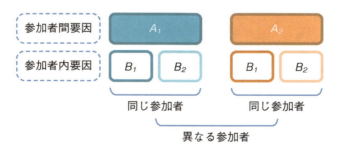

図2-26　2要因（2×2）の混合要因分散分析の例

---

[31] 統計ソフトによっては，混合要因の場合は，参加者要因を構造方程式に含めずに計算をおこなうこともあるようです。

表2-19 混合2要因分散分析表

	平方和 (SS)	自由度 (df)	平均平方 (MS)	F値 (F-statistic)	有意確率 (p-value)
要因p (参加者間)	$SS_{p.bet}$	$n-1$			
要因A	SS_A	$a-1$	MS_A	F_A	p
残差 (p|A)	$SS_{p|A}$	$n-a$	$MS_{p|A}$		
要因p (参加者内)	$SS_{p.within}$	$n(b-1)$			
要因B	SS_B	$b-1$	MS_B	F_B	p
交互作用 AB	SS_{AB}	$(a-1)(b-1)$	MS_{AB}	F_{AB}	p
残差 (pB|A)	$SS_{pB|A}$	$(n-1)(b-1)$	$MS_{pB|A}$		
全体 (Total)	SS_{Total}	$N-1$			

それぞれの要因の検定統計量 F_A, F_B, F_{AB} は

$$F_A = \frac{MS_A}{MS_{p|A}} \tag{式65}$$

$$F_B = \frac{MS_B}{MS_{pB|A}} \tag{式66}$$

$$F_{AB} = \frac{MS_{AB}}{MS_{pB|A}} \tag{式67}$$

で計算されます。参加者間要因Aと参加者内要因Bでは，F値の分母となる誤差要因が異なります（$MS_{p|A}$, $MS_{pB|A}$）[32]。AとBの交互作用の効果は，参加者内要因の効果も含むため，参加者内要因Bと同じ $MS_{pB|A}$ を分母に用います。このように，混合要因分散分析においては，同じ参加者から得られた相関のあるデータと，異なる参加者から得られた相関のないデータを

---

[32] 「|」はバーティカルバー（日本語にすると縦棒）とよばれる記号であり，たとえば「p|A」は，「Aという条件のもとでのp」を示します。そのため，$SS_{p|A}$ は，要因Aの各水準内の参加者要因の平方和を意味します。同様に，$SS_{pB|A}$ は，要因Aの各水準内の参加者要因とBの交互作用の平方和を意味します。

区別したうえで残差を計算していることが重要です。

> **【Rスクリプト：anovakunを用いた2要因混合要因分散分析】**
> # anovakun_xxx.txtをあらかじめ読み込んでおくこと
> *data<-read.csv("09.csv",header=F)*　　　　　　# データの読み込み
> *anovakun(data,"AsB",3,2)*　　　　　　#2要因混合要因分散分析

09.csv

2-8-8　単純主効果の検定

> ● 単純主効果の検定（Simple main effect test）：特定の水準における要因の主効果の検定。もともとのデータを分割したものに対する検定をおこなう。

　2要因以上の分散分析において，主効果および交互作用が観察された際には，主効果の存在に関しては判断を保留し，**単純主効果の検定**をおこなう必要があります。なぜなら，交互作用の影響によって要因の主効果が存在しているように見えている場合があり，分散分析の結果だけではその区別がつかないためです。そこで，**本来のデータを水準ごとに分割したうえで，要因の主効果を検討する**単純主効果の検定を実施し，要因の主効果を再検討します。

　2要因以上の分散分析では，要因の主効果は，もう一方の要因をプールしたデータに対する分析によって検討されます。たとえば，図2-27aの左上のグラフは，2要因（2×2）の分散分析において，2つの要因のどちらの主効果もある状態を示しています。この分析において，一方の要因をプールしたときの平均値を，それぞれ点線で描かれたバーで示します。交互作用がない場合（図2-27a）には，どちらの要因をプールしたとしても，2つの平均値に差がみられるため，両方の要因の主効果があることがわかります。

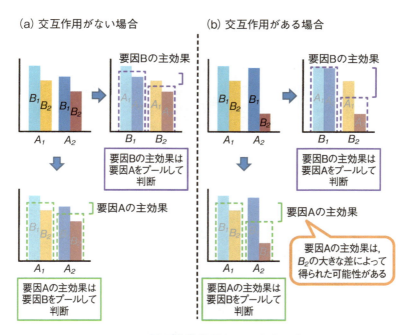

図 2-27　2 要因分散分析における交互作用

　交互作用がある場合（図 2-27b）でも同様に，一方の要因をプールした平均値（点線）を比較すると，それぞれの場合において差がみられます。そのため，このような場合にも，2 つの要因の主効果が有意であると判断されます。しかしながら，同時に交互作用もみられた場合には，2 つの主効果は，交互作用による見せかけの効果である可能性があります。実際に，図 2-27b では，水準 B_1 では要因 A の効果は見られません。しかし，水準 B_2 で要因 A の効果が大きかったため，要因 B をプールすると，要因 A の主効果が得られてしまったのだと考えられます。そのため，交互作用が存在する場合には，要因の主効果が存在しているという判断をいったん保留し，**主効果が本当に存在するかを，水準ごとに分けて調べていく**必要があります。この作業を，単純主効果の検定とよびます。

2-8-9 単純主効果の検定の実施法

引き続き，2要因の分散分析で交互作用が有意となった例（図2-27b）について考えていきましょう。要因Aについての単純主効果の検定をおこなうためには，要因Bの水準ごとにデータを分けたうえで，それぞれのデータを対象として要因Aの主効果を検討します（図2-28）。すなわち，B_1における要因Aの効果（A_1とA_2の差）[33]，B_2における要因Aの効果（A_1とA_2の差）を別々に検討します。さらに，要因Aの水準でも同様にデータを分けて，要因Bの効果を検討する必要があります。

図2-28の例では，要因Bの効果は水準A_1でもA_2でもみられるのに対して，要因Aの効果は水準B_2のみでしか見られません。このことから，要因Bの主効果は存在するものの，要因Aの主効果は，交互作用による見せかけの主効果であった可能性が示唆されます。このように，単純主効果の

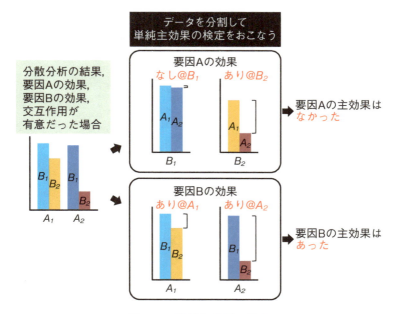

図2-28　単純主効果の検定

---

[33] 「B_1における要因Aの効果」を「要因A@B_1」などと表現することがあります。@は「〜における」という意味です。本書でも，表現の簡略化のため，この表現を用います。

検討をおこなうことによって，**交互作用があった場合でも，要因の主効果があったかどうか**について改めて検討できるのです。

統計ソフトによっては，2要因以上の分散分析において交互作用が有意になった場合に，自動で単純主効果の検定結果を出力してくれるものもあります。統計ソフトがそのような機能をもたない場合には，データを水準ごとに分割して，改めて統計検定をおこなう必要があります。

単純主効果の検定は，**水準ごとに分割したデータに対して，t検定や分散分析を実施する**ことを意味します。そのため，実際には，「単純主効果の検定」という名前の特定の検定手法があるわけではありません。たとえば，2要因分散分析（要因A＝2水準，要因B＝3水準）において要因Aの単純主効果の検定をする場合を考えてみましょう（**図2-29**）。まず，B_1, B_2, B_3の3つの水準に分けたデータを作成し，それぞれにおいてt検定（A_1とA_2の比較）を実施します。一方，要因Bの単純主効果の検定をおこな

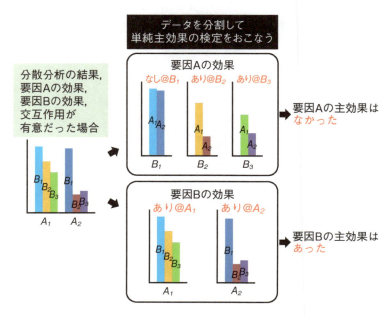

図2-29 単純主効果の検定（要因ごとに水準数が異なる場合）

う場合は，A_1，A_2の2つに分けたデータを作成し，それぞれの水準において**1要因3水準の分散分析**（B_1，B_2，B_3の効果の検定）を実施します。このように，単純主効果の検定では，水準の数に応じて，t検定や分散分析を使い分ける必要があります。

>【Rスクリプト：anovakunを用いた単純主効果の検定】
># これまで出力した分散分析の< SIMPLE EFFECTS >の欄をチェックしてみましょう。交互作用の効果が有意である場合には，この欄が出力されているはずです。

2-9 統計的仮説検定における仮定

これまで紹介してきたt検定や分散分析といった検定手法には，実施する前提となるいくつかの重要な仮定があります。これらの検定手法では，**特定の仮定を満たしていない場合には，理論どおりの値が算出されず，誤った結論を導いてしまう**可能性が高まります。本節では，統計検定における誤った結論のタイプを紹介した後，データ分布と検定手法の関係，検定における3つの仮定と，それらの仮定が崩れたときの対処法を順に解説していきます。

2-9-1 第一種の過誤，第二種の過誤

> - 第一種の過誤（Type I Error）：有意な効果がある，と誤って判断してしまうこと。
> - 第二種の過誤（Type II Error）：有意な効果がない，と誤って判断してしまうこと。

統計検定において，もっとも避けなければいけないことは，実際には**効果がないのにもかかわらず，有意な効果があると判断してしまう過ち**です。この過ちを**第一種の過誤（タイプⅠエラー）**とよびます。第一種の過誤を起こす確率が，有意確率あるいは危険率に相当します。一方で，**本当は効果があるのに有意な効果はないと判断してしまう**確率を**第二種の過誤（タイプⅡエラー）**とよびます。

どちらの過誤もできるだけ避けなければなりませんが，統計的仮説検定では，第一種の過誤をおかす確率（危険率）をある確率以下に抑えることをもっとも重視しています。しかしながら，統計的仮説検定をおこなうう

図2-30 t検定・分散分析における3つの仮定

えで従わなければならない仮定を無視して検定をおこなってしまうと，危険率が不当に上昇してしまいます。統計的仮説検定における仮定はたくさんありますが，本節では**正規性の仮定**，**等分散性（球面性）の仮定**，**独立性の仮定**という3つの代表的な仮定をとりあげて解説します（図2-30）。

2-9-2 パラメトリック検定

- パラメトリック検定（Parametric test）：母集団に特定の分布を仮定する統計的仮説検定の総称。心理学統計における統計検定では，一般的に正規分布を仮定する。
- ノンパラメトリック検定（Non-parametric test）：母集団に特定の分布を仮定しない統計的仮説検定の総称。ただし，比較するデータ間では同じ分布を仮定している。

3つの仮定の詳細を説明する前にまず，統計的仮説検定を理解するうえで重要な概念をいくつか紹介しましょう。今まで紹介してきたt検定や分散分析は**パラメトリック検定**とよばれる検定手法です。パラメトリックとは，「母集団に依存している」という意味です[34]。そのため，パラメトリック検定とは，**母集団に特定の分布を仮定した統計手法**をさします。特定の分布といいましたが，通常私たちが扱うパラメトリック検定（t検定や分散分析）は，**正規分布を母集団データの分布として仮定**しています（図2-31）[35]。そのため，正規分布ではない分布を母集団にもつデータに対し

---

[34] Parameterは母数を意味します。母数とは，母集団によって決まる特徴をさします。
[35] 正規分布以外の分布（たとえば一様分布）を仮定した場合もパラメトリック検定とよばれます。

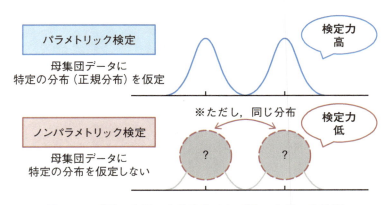

図2-31　パラメトリック検定とノンパラメトリック検定

て，t検定や分散分析を適用すると，誤った結論を導く可能性が高くなります。

このような誤りを避けるためには，**ノンパラメトリック検定**という種類の検定を使用します。この検定手法は，**母集団データの分布の形に依存しない統計手法**です。一般的には，母集団がどのような分布かわからないデータに対して適用することができる検定方法です。ノンパラメトリック検定は，どのような分布にも適用できる半面，パラメトリック検定と比較すると検定力が低くなるというデメリットがあります[36]。**検定力が低くなると，第二種の過誤をおかす確率が高まります**。また，ノンパラメトリック検定は母集団の分布について仮定してはいないものの，**比較するデータ間では分布が同じ形をしている必要**があります（図2-31）。つまり，同じ分布をもつと仮定されるデータどうしでないと，ノンパラメトリック検定を用いた比較はできません。この点はよく勘違いされることが多いため，注意してください。

2-9-3 尺度と分布

次に，データの分類と分布の関係について解説します。私たちがデータ

---

[36] たとえば，正規分布を仮定できるデータにノンパラメトリック検定のひとつであるU検定をおこなう場合には，t検定の0.95倍程度の検定力になることが知られています。

として扱う数値には，いくつかの分類があります．代表的な分類として，**名義尺度，順序尺度，間隔尺度，比率尺度**が有名です[37]．これらの尺度間では，代表値の意味が異なります．代表値とは，データの特徴を表す指標で，**平均値，中央値，最頻値**などをさします．名義尺度においては，最頻値は存在しますが，平均値や中央値はありません．順序尺度においては，平均値の意味は曖昧で，代表値としてふさわしいのは中央値や最頻値です．一方で，間隔尺度と比率尺度においては，平均値がもっとも一般的に用いられます．

　このような代表値の使用法の違いは，**平均値がデータ分布の形への依存度が強い統計量であるのに対し，中央値や最頻値はデータ分布の形への依存度が比較的弱い**統計量であることに起因します（図2-32）．平均値はデータ分布が左右対称な分布，たとえば正規分布や一様分布[38]において重要な代表値となります．そのため，正規分布を仮定するパラメトリック検定では平均値が各群の代表値として用いられます．

　一般的な間隔尺度や比率尺度は，サンプル数が多く，十分に広い測定範囲を持っていれば，その母集団データも正規分布に従うと仮定できます．そのため，これらの尺度データに対してはパラメトリック検定を用いることが適切です．いっぽうで，名義尺度や順序尺度データに対しては，サンプルデータおよびその母集団データが正規分布する保証がありません．し

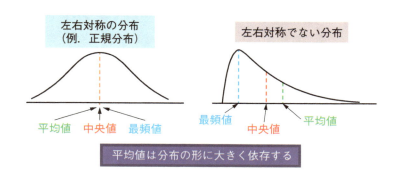

図2-32　データの分布の形と代表値

(37) 各尺度の特性については，3-1節で詳しく解説します
(38) 対象とする範囲において，すべての確率が等しい分布．たとえばサイコロをふってどの目が出るかという確率は，1～6まですべて等しいため，一様分布として表現されます．

たがって，ノンパラメトリック検定を用いることが適切です。

　ここで注意すべきことは，研究で測定した変数の尺度で検定手法を選ぶのではなく，**検討をおこなうデータが特定の分布（正規分布）に従うかどうか**で検定手法を選ばなければいけない点です。つまり，測定した変数が間隔尺度や比率尺度であっても，データの母集団が正規分布していなければ，パラメトリック検定を用いることはできません。逆に，順序尺度であってもデータの母集団が正規分布していると仮定できれば，パラメトリック検定を適用することが適切です。そのため，変数がどの尺度であるか，あるいは代表値がどのような統計量（平均値，中央値，最頻値）であるかは，パラメトリック検定・ノンパラメトリック検定を選ぶ決め手とはなりません。

2-9-4 正規性の仮定

● 正規性の仮定（Assumption of normality）：母集団データが正規分布に従うという仮定。

　ここからは，統計的仮説検定の仮説について，具体的な説明をしていきましょう。**正規性の仮定**は，t検定や分散分析のような，ばらつきを複数の独立した要素の総和であると仮定する検定を正しくおこなうための十分条件です[39]。具体的には，得られたデータの背景に仮定される**母集団データが正規分布に従う**という仮定をさします[40]。測定する変数において天井効果や床効果が存在しない限り，多くのデータの母集団は正規分布に従うことが知られています[41]。ランダムサンプリングによってデータを

---

[39] このような検定は，線形重回帰モデル（Multiple linear regression model）と総称されます。分散分析の構造方程式を思い出してください。
[40] 厳密には，「誤差項（t値やF値を計算するときの分母の要素）が正規分布に従う」という仮定です。
[41] 天井効果・床効果とは，測定の尺度あるいは範囲が足りないために，従属変数の分布が途切れてしまうことをさします。たとえば，100点満点のテストがとても簡単だったときには，従属変数の分布のピークは100点の近くに位置します。このとき，点数が悪い方向には裾野が広がるものの，100点以上は存在しないため，点数がよい方向には分布が途切れてしまいます。この状態を天井効果とよび，この逆のパターンを床効果とよびます。

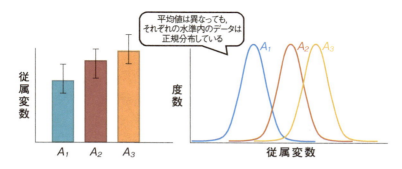

図2-33 正規性が保たれているデータ

抽出した場合は、サンプルデータも母集団データと同じ分布の形になります。そのため、サンプルデータの分布をチェックすることにより、正規性の仮定が満たされているかどうかを、ある程度判断することが可能です。

図2-33に、1要因3水準のデータにおいてそれぞれの群のデータが正規分布している様子を示します。左のグラフは各群の平均値を示した棒グラフ、右のグラフは各群のデータを度数分布として表現したものです。この度数分布では、縦軸がデータ数（度数）、横軸が従属変数の値を示します。度数分布上では、3群間の平均値の違いが、分布の頂点の横軸方向へのずれとして表現されていることに注意してください。

このグラフで重要な点は、**3群それぞれのデータが正規分布している**ことです。もし各群内のデータが正規分布していないとすれば、もともと正規分布に従わない性質の従属変数であるか、剰余変数[42]が混入している可能性が考えられます。ただし、サンプル数が少ない場合、データの分布は厳密な正規分布には従わないことも知られています。心理学においても、乳幼児、動物、患者さんなどを対象とした研究では、どうしてもサンプル数は少なくなりがちです。このような場合には、ノンパラメトリック検定を用いるか、あるいは統計的仮説検定を用いない、という選択もあります。

データが正規分布に従うかどうかを目視で正確に判断することには限界

---

[42] 剰余変数とは、検討の対象となっている要因（独立変数）以外で、従属変数のばらつきに影響をおよぼす変数をさし、研究では統制されるべき対象となります。

があります。とはいえ，平均値付近の度数がもっとも多く，平均値から離れるに従って度数は少なくなること，分布の対称性があることなどは，データ数が少なくてもある程度保たれる特徴です。そのため，少なくともこのような特徴に関しては，統計検定を実施する前に確認する必要があります。

2-9-5 正規性と統計検定

　データの正規性と統計検定の関係について，図を使って考えてみましょう。パラメトリック検定では，母集団データが正規分布に従うことが仮定されています。正規分布では，**平均値付近の値がもっとも頻度が高く，平均値から離れるほど，その値の頻度は低くなります。**この考えを念頭において，図2-34を見てください。

　図2-34に青線で示された正規分布が，ある水準の母集団だとします。この母集団からランダムにサンプリングした場合，平均値周辺の値を得る確率がもっとも高く，平均値から離れた値を得る確率は低くなります。ここで，緑線で示された分布のように，異なる水準の母集団の平均値が，青線の正規分布の端の領域に含まれるような場合[43]，2つの水準におけるデータ分布の重複は少なくなります。このような場合には，2つの水準のデータは「同一の母集団からサンプリングされたとは考えられない」と結論するのが妥当です。

　図2-34の赤い点線が検定統計量（ここではt値）の下限値に対応します。決められた自由度と有意水準のもとでの検定統計量の下限値よりも，算出された検定統計量が大きくなれば，帰無仮説が棄却され，2群の平均値差は統計的に有意であると判断されます。

---

[43] ステップ1の2つの分布を足しあわせる説明と同様に，この説明もしばしば用いられますが，統計的仮説検定の文脈からは厳密なものではなく，あくまで概念的なものであることに注意してください。統計的仮説検定では，「単一の母集団を仮定したときにサンプルデータが得られる確率」を計算します。そのため，水準それぞれの母集団を仮定し，2つ以上の母集団を登場させることは，仮説検定の考えからすると正しくありません。

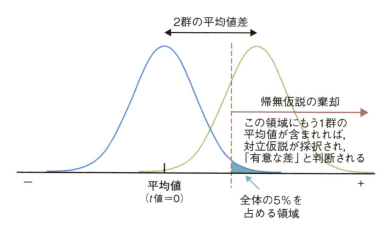

図 2-34　正規分布にもとづいた帰無仮説の棄却

2-9-6 正規性の崩れと対処法

　検定統計量の下限値を計算するためには，厳密な分布の形の情報が必要です。もし分布の形が想定と異なっていたら，**検定統計量の下限値の計算も正確にできなくなってしまいます**[44]。すなわち，データが正規分布していない場合は，正確な有意確率の計算ができなくなってしまうのです。

　いっぽうで，じつは t 検定や分散分析は**正規性の仮定からの逸脱に関して比較的頑健（影響を受けない）である**ことも知られています。これは，平均値を使用して検定統計量（t 値や F 値）を算出することに起因します。詳しい説明は本書の範囲を超えるため割愛しますが，平均値を使用することにより，もとの母集団データが正規分布に従わない場合も，その平均値は確率的に正規分布に従います。このように，母集団データが正規分布しない場合でも，統計的仮説検定の数学的な背景によって，実用上の大きな問題（危険率の大幅な上昇）は生じないのです[45]。

　正規性の仮定の崩れを調べる検定として，Shapiro–Wilks 検定や Lilliefors 検定が知られています。しかしながら，上で述べたように，t 検定や分散

---

[44] p. 95に示した t 分布（図 2-11）のように，分布の形が少し異なるだけで，5%の領域の下限は大きく異なることを思い出してください。

[45] ただし，サンプル数が極端に少ない場合（たとえば10以下）は別です。

分析は正規性の崩れに対して頑健であるため，パラメトリック検定を使用する前提を確かめる目的においては，これらの検定を実施する必要はありません[46]。

このような背景から，統計的仮説検定は，厳密な正規性が担保できないデータに対しても，十分な理論的背景にもとづいて有意性判断をおこなうことができます。しかしながら，従属変数の測定という観点からみると，正規分布しないデータは，平均値が測りたい値を適切に反映していない可能性があります。とくに，**天井効果・床効果が出やすい従属変数（質問項目に対する回答，反応時間データ）** は注意しなければいけません。このような場合には，データ分布の正規性を仮定しないノンパラメトリック検定を用いる，外れ値を除去する，あるいは理論的背景にもとづいた値の変換をおこなうなどの解決策があります。

データが正規分布に従わない例として，反応時間データを考えてみましょう。反応時間データの場合は，理論的背景が比較的確立されているため，データを取得した後でも対応が可能です。すべてではありませんが，反応時間のデータは，図2-35のように，分布の最頻値が左側（値が小さい側）に寄り，右側に裾野が長いデータ分布になることが一般的です。これは，次の2つの理由に起因します。まず，脳内である処理をおこなって

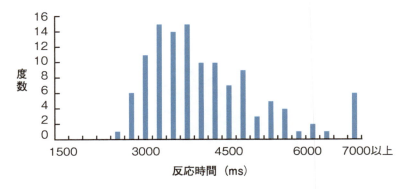

図2-35　反応時間データのヒストグラム

---

[46] さらに，これらの検定では，2000程度の大きなサンプル数に対する使用が想定されています。そのため，多くの心理学実験データに対してこれらの検定を実施することは不適切です。

反応する際には必ず一定の時間が必要であるため，ある一定の時間より前に反応することは不可能であることです。2つめは，反応が遅くなる場合はその遅れ方は無限であるということです[47]。このようなデータに対しては，**外れ値の除去**をおこなうことで，データの正規性をある程度確保できることが知られています[48]。

外れ値の除去とは，たとえば「平均値±標準偏差の3倍」の範囲を超えたデータを分析対象から除外する方法です。分野によって範囲の決め方は異なるため，外れ値の除去の方法については，先行研究を参考にするとよいでしょう。理論的に外れ値を除去することが適切である場合には，その外れ値の除去をおこなうことに際する統計学的な問題はありません。ただし，外れ値の除去をおこなった際はその基準や根拠，対象データ数などをきちんと記載するようにしましょう。

2-9-7 等分散性の仮定

●等分散性の仮定（Assumption of homogeneity of variance）：誤差分散の大きさが各水準間で等しいという仮定。

t 検定，分散分析などでは，**各水準内におけるデータのばらつきは一定の大きさである**ことが仮定されています。これを等分散性の仮定とよびます。しかし実用上は，正規性の仮定と同様に，**等分散性の仮定もその逸脱に対して頑健である**といわれています。ただしこれは，各水準のデータのサンプル数が等しい場合に限ります[49]。

等分散性の仮定が崩れる場合，すなわち水準間でデータのばらつきの大

---

[47] 視覚的に呈示された物体に対する反応は，網膜からの信号入力，視覚野での知覚，運動野から指の筋肉までの信号の伝達などを必ず経なければならず，反応速度には物理的な限界が存在します。視覚刺激呈示に対する単純反応だと，反応時間の計測方法にもよりますが，必ず150〜200 ms程度はかかります。これに対して，ボーッとしていれば反応はいくらでも遅延します。
[48] 対数変換・角変換をおこなうことで正規性を取り戻す方法があります。しかしこの方法を用いると，数値の解釈が難しくなるため，あまり推奨されません。
[49] 詳しい議論は，Glass and Hopkins（1996）を参考にしてください。
Glass, G. V., & Hopkins, K. D.（1996）. *Statistical methods in education and psychology 3rd edition*（pp. 521-525）. Englewood Cliffs, NJ: Prentice-Hall.

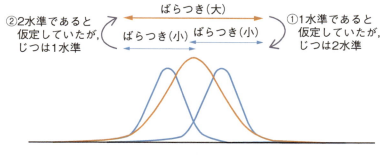

図 2-36　水準と分散

きさが異なる場合には，そもそも**水準の分け方が適切でない**可能性があります。たとえば，データのばらつきの大きさが異なる2つの水準がある場合を考えてみると，以下の3パターンが考えられます。すなわち，①じつは2水準以上ある（ばらつきの大きい水準がさらに分けられる）場合，②じつは1水準である（一方の水準にもう一方が含まれる）場合，③そもそも水準が1つの要因によって分けられるものではない場合の3つです。①と②の場合を図 2-36 に示します。水準の割り当ての多くは，研究者が恣意的におこないます。そのため，等分散性が成り立たない場合には，まずはなぜそのようなデータが得られたかを考え，**実験計画自体を見なおす**必要があります。

　また，実験方法や水準分けに問題がない場合は，**等分散性の仮定が崩れていることは，各群の母集団が異なることを示している**可能性があります。そもそも，同じ母集団からランダムにサンプリングされている場合には，水準が異なったとしても，同じような分散の大きさをもつデータが得られるはずです。このような前提に立つと，データの分散の大きさが異なることは，母集団が異なることを意味します。t検定や分散分析は平均値を代表値とした分析をおこなうため，「平均値が同じで，分散の大きさが異なる2つのデータ」の母集団を区別することはできません。そのため，比較する群の分散が大きく異なる場合には，データの性質や研究の目的に応じて，異なる指標や解析方法を用いることも視野に入れる必要があるでしょう。

2-9-8 等分散性の崩れと対処法

等分散性が満たされないデータに通常のt検定や分散分析を適用すると，第一種の過誤をおかす確率が増してしまう危険性があります。そこで，**等分散性を仮定しない検定方法を使用して**等分散性の崩れに対処する方法があります。t検定に関しては，ウェルチのt検定が推奨されます。分散分析では，ウェルチの修正分散分析，Brown-Forsytheの修正分散分析という手法が知られています[50]。これらの検定手法は，通常の分散分析よりも検定力が若干低くなりますが，危険率を適切にコントロールすることができます。

等分散性の検定として一般的に用いられているものとしては，F検定，Bartlett検定，Hartley検定，Levene検定，Brown-Forsythe検定などが知られています。ただし，正規性の議論と同様に，仮定の逸脱からの頑健性，さきほど2-8-7項で述べた理論的背景，さらに検定の多重性の問題から，検定方法を決定するために等分散性の検定をおこなうことは，適切であるとはいえません。

2-9-9 球面性の仮定

> ● 球面性の仮定（Assumption of sphericity）：参加者内要因の分散分析における「水準間の差」の分散が等しいという仮定。参加者要因が要因の効果と交互作用していないことを意味する。

分散分析において，1つの要因の水準が3つ以上，かつその要因が参加者内要因である場合には，その**要因に関するすべての「2水準間の差」の分散が等しい**ことが仮定されています。この仮定は**球面性の仮定**とよばれ，分散の大きさを扱う点では，等分散性の仮定と近い内容です。たとえ

---

[50] Reed, J. F., & Stark, D. B. (1988). Robust alternatives to traditional analysis of variance: Welch W^*, James J_I^*, James J_{II}^*, Brown-Forsythe BF^*. *Computer methods and programs in biomedicine, 26*(3), 233-237.

Mendes, M., & Pala, A. (2004). Evaluation of four tests when normality and homogeneity of variance assumptions are violated. *Journal of Applied Sciences, 4*(1), 38-42.

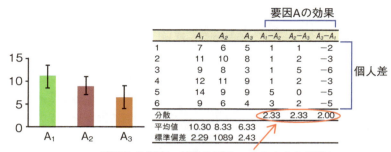

図2-37　2水準間の差の分散

ば水準が3水準ある場合には，2水準間の差は，3つの差分データ（A_1-A_2，A_2-A_3，A_3-A_1）です。水準間の差は要因の効果を意味するため，球面性の仮定は，**「要因の効果のばらつきが，すべての水準ペア間において等しい」**ことを意味します。

図2-37は1要因3水準の分散分析のデータの例です。右側3列が，2水準間の差分データであり，その下にそれぞれの差分データの分散を示しています。図2-37において，赤い円で囲まれた3つの値が同程度になっていれば，球面性の仮定が満たされていると考えることができます。

2-9-10 球面性の崩れと対処法

球面性の仮定からの逸脱は，**第一種の過誤をおかす確率を大きく増加させます**。そのため，仮定が崩れた場合には，必ず対処しなくてはなりません。事前にこの仮定が満たされているかどうかを検討する代表的な検定手法として，①Mauchlyの球面性検定，②Mendozaの多標本球面性検定，③Harrisの多標本球面性検定の3つが知られています。この3つの中では，混合要因計画の分散分析にも対応できるため，MendozaあるいはHarrisの多標本球面性検定のどちらかを用いるのがよいでしょう。

球面性の仮定からの逸脱に対処する方法としては，**自由度調整法**と**多変量分散分析（MANOVA）**の2種類が提案されています。自由度調整法と

多変量分散分析のどちらを使用するかは，サンプルデータ数によって判断します。サンプルデータ数が20以下であれば自由度調整法，それ以上であれば多変量分散分析を使用することが推奨されています[51]。以下，2つの対処法についてそれぞれ簡単に解説します。

自由度調整法とは，有意確率を算出する際に使用する**自由度を，棄却域が厳しくなる方向へ調整することによって，第一種の過誤をおかす確率を下げる**方法です。具体的には，球面性の仮定からの逸脱度を示す指標 ε（イプシロン）を要因と誤差の両方の自由度に掛けます。球面性の仮定を逸脱していない場合は $\varepsilon = 1$ となり，調整はおこなわれません。ε が小さいほど仮定からの逸脱度が大きいことを示し，調整後の自由度は小さくなります。この方法は，ウェルチの t 検定における自由度調整方法と同様の考え方にもとづくものです。

球面性の仮定の崩れに対処する自由度調整法は Greenhouse–Geisser と Huynh–Feldt の方法の2種類が代表的です。Huynh–Feldt の方法はデータ数が小さいとき（10程度）にも有効です。Huynh–Feldt の ε は，計算の結果が1を超えることもありますが，その場合は自由度の修正をせず（$\varepsilon = 1$ として）検定をおこないます。自由度調整法は，自由度を調整した後の**分散分析の結果の解釈が通常の分散分析と変わらない**ため，比較的使いやすい方法です[52]。

多変量分散分析は球面性を仮定していないため，適切な危険率のもとに統計検定をおこなえる方法として知られています。本書では多変量分散分析の実施方法には立ち入りませんが，SPSS（統計ソフト）を使用して反復測定（参加者内要因）分散分析をおこなった際には，多変量分散分析の結果もあわせて出力されるようです[53]。F 値に代わる検定統計量として，Wilk's lambda，Pillai's trace，Hotelling–Lawley trace，Roy's Greatest Root が出力されます。どの検定統計量をもとに有意性判断をおこなうかは場合によりますが，どの指標も F 値と同様に，要因の効果が大きくなるほど値

---

[51] 入戸野宏（2004）. 心理生理学データの分散分析　生理心理学と精神生理学, *22*(3), 275-290.

[52] フリーの統計ソフトRで使用できる分散分析パッケージ「anovakun」を使用すると，自動で球面性の仮定の検定および自由度の調整をしてくれます。

[53] SPSSは心理学統計に特化したソフトではないため，使用されている用語が心理学統計と異なります。「反復測定」などはその代表的な例です。

が大きくなります。

2-9-11 独立性の仮定

> ● 独立性の仮定（Assumption of independence）：水準間のデータに相関がないという仮定。同一の参加者から得られたデータを対象に検定をおこなう場合には，対応のある t 検定や参加者内分散分析をおこなう。

独立性の仮定は，**統計的仮説検定においてもっとも重要な仮定**です。データが独立であるとは，データに相関がないということです[54]。t 検定や分散分析は，各要素に起因するデータのばらつきの独立性を前提に構成されます（2-7-2項で解説した構造方程式を思い出してください）。そのた

図2-38　独立性は大事

---

(54) 今回紹介している「独立性」は，カイ2乗検定（3-2節参照）による「独立性の検定」とは異なるトピックです。

め，データの独立性が崩れている場合には，**統計デザインそのものが間違いである**ことになります。間違った統計デザインを使用すると，当然，正しい検定の結果は計算されません。したがって，t検定や分散分析のような分析においては，**独立性の仮定の崩れに対する頑健性は非常に低い**ということになります。ただし，相関のある要因があらかじめわかっており，かつ統制されている場合には，データの独立性は崩れるものの，対応のあるt検定や参加者内要因分散分析といった計算上の工夫によって，適切に対処することができます。

　独立性が崩れる場合には，大きく3つのパターンが考えられます。まず，**要因および水準の設定が間違っている**場合です。次に，**研究の独立変数として仮定していない要因，すなわち剰余変数の効果が大きい**場合です。最後に，**ランダムサンプリングがされていない**場合です。

　独立性の崩れに関して問題となるのは，データの相関に気づかないケースです。気づかなければどんな対処もしようがありません。独立性の仮定を担保するためには，実験計画をきちんと練り，確実な実験統制をおこない，さらに適切な統計デザインを選ぶことで対処するしかありません[55]。

---

[55] 実験的に統制できないとしても，相関を生み出す要因とその効果があらかじめわかっていれば，共分散分析という方法を使用することにより相関成分を差し引いた分析をおこなうことができます。

2-10 多重比較

3群以上のデータのそれぞれの平均値を比較したいときには多重比較をおこないます。多重比較とは，**2群の平均値比較（t検定）を一定のルールのもとで繰り返す**手法をさします。しかしながら，一般的な教科書には「検定は繰り返してはいけない」と書いてあります。本節では，なぜ3群以上の平均値を比較する際にt検定を単純に繰り返してはいけないのかを，検定の多重性問題という観点から簡単に解説した後，多重比較の方法を紹介します。

2-10-1 検定の多重性問題

> ● 検定の多重性問題（Multiplicity problem）：検定を繰り返すことによって危険率が上昇してしまう問題。

統計的仮説検定は推測統計であるため，100％正しい結果を導くものではありません。心理学では，「間違いをおかす確率（＝危険率）を5％以下に抑えよう」というルールがあります。逆に表現するならば，20回に1回くらいの間違いは許容しよう，ということです。

しかしながら，20回に1回間違える検定を，20回繰り返したらどうなるでしょうか？　期待値としては，20回のうちのどこかで1回は間違った検定結果が算出されることになります。そのため，20回の検定結果を総括して全体の結論を導くと，その結論の一部は間違っていることになります。すなわち，危険率が上昇してしまいます。このような，**検定を繰り返すことに伴う危険率の上昇**を，**検定の多重性問題**とよびます。この問題は，「検定全体としての危険率を5％以下に抑える」というルールが守ら

れていないために生じます。

　たとえば，1要因3水準の分析をおこない，それぞれの水準の平均値間に差があるかどうかを検討したい場合を想定しましょう。その際には，A_1–A_2，A_1–A_3，A_2–A_3 と，2群の平均値の比較を3回実施する必要があります。この比較に際して，一般的な t 検定を3回実施すると，個々の検定の危険率は5％のままであるため，検定全体としての危険率は増大してしまいます。

2-10-2 危険率の維持

> ● 多重比較：検定全体としての危険率を5％以下に保ったままで，2群の平均値の比較を繰り返す方法の総称。

　全体としての危険率を5％以下に保ったままで，2群の平均値の比較を繰り返す方法の総称を，**多重比較**とよびます[56]。一般的には，分散分析において3水準以上の有意な主効果が得られた後に，各水準間の差を検討するために多重比較が実施されます。しかしながら，分散分析を常にさきに実施する理由は必ずしもありません。多重比較は分散分析の実施の有無にかかわらず，研究の目的に応じて柔軟に使用されるべきです。

　多重比較には多くの方法が存在します。いずれの方法の目的も，全体としての危険率を一定の値以下に抑え，興味のある水準間の平均値差を検討することです。ただし，危険率を調整する方法がそれぞれ異なるため，検定に応じて，さまざまなメリット・デメリットが存在します。さらに，どのような水準の比較をするかによっても適切な方法が異なります。そのため，多重比較の方法は，実験デザインに応じて適切に選ぶ必要があるのです。

---

[56] 多重比較の文脈における「検定全体」のことを，英語ではFamilyとよびます。

2-10-3 Bonferroniの方法

- Bonferroniの方法：もっともシンプルな多重比較の方法。設定された有意水準を検定回数で割った値を個々の検定の有意水準として用いる。

　まず，多重比較法の中で，もっとも単純で基本的な**Bonferroniの方法**を紹介します。この方法は，設定された**有意水準を検定回数で割ることにより，検定全体の危険率を設定した値以下に保つ方法**です（図2-39）。たとえば，3水準を比較する場合には，2群の平均値比較を3回おこなわなければいけません。そのため，5％÷3＝1.67％を個々の検定に対する新たな有意水準として設定します。そして，それぞれのt検定における有意確率が1.67％を下回った場合に，比較した2群間には「5％水準で有意差がある」と結論します[57]。

　Bonferroniの方法は，検定を繰り返すための**一般的な方法であり，繰り返す検定の種類は問いません**。したがって，t検定のノンパラメトリック版であるMann-WhitneyのU検定（Wilcoxonの順位和検定）や，相関係

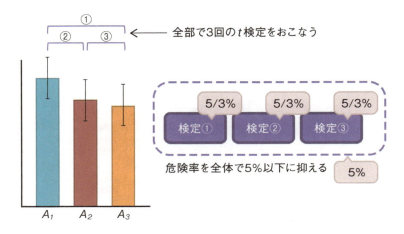

図2-39　Bonferroniの方法を用いた多重比較

---

[57] 3つの検定をおこなった結果，2つが5％，1つが0.1％水準で有意差ありと判断された場合でも，「すべての検定について5％水準で有意差あり」と結論することが一般的です。

数の有意性検定などの繰り返しに対しても，Bonferroniの方法を用いて有意水準を調整することができます。

Bonferroniの方法は簡単に有意水準を調整できる一方で，デメリットも存在します。それは，**ほかの多重比較法よりも検定力の低下が大きい**点です。検定力が低いと，第二種の過誤をおかす確率が上昇します。つまり，本当は差があるのに，有意差がないと判断してしまう確率が増大してしまいます。比較する2群の数が増えるほど検定力も下がるため，Bonferroniの方法の使用は，水準の数が多い場合には特に，他の選択肢がないか，考える必要があります。

2-10-4 その他の多重比較方法

Bonferroniの方法以外でもっとも一般的な多重比較法は **Tukeyの方法** です。ただし，Tukeyの方法は相関のあるデータ（参加者内要因の水準比較）には使用できません。Bonferroniの方法と同様の，検定の有意水準のみを調整する方法として **Holmの方法** と **Shafferの方法** があります。この2つの方法はBonferroniの方法の改良版であり，危険率を一定に保ちつつ，検定力もあまり低下しないというメリットがあります。これら2つの方法はBonferroniの方法と同様に，ノンパラメトリック検定や対応のあるt検定に対しても適用可能です。そのため，参加者内要因で3水準以上の多重比較をおこなう場合は，HolmかShafferの方法を用いれば，危険率を調整したうえで，対応のあるt検定を繰り返すことができます。

また，**Scheffeの方法** は対比[58]をおこないたい場合，**Dunnettの方法** は対照群とそれ以外の群の比較をおこないたい場合にそれぞれ使用します。等分散性を仮定していない方法としては **Games-Howellの方法** が有名です。ノンパラメトリックデータ（正規性を仮定できないとき）に対する多重比較法は，Steel-Dwassの方法，Steelの方法，Dunnの方法などが有名です。それぞれの多重比較方法について詳しく知りたい方は，永田・吉田（1997）[59]や森・吉田（1990）[60]を参照するといいでしょう。紹介したす

---

[58] 対比とは，複数の群をプールしたデータの比較を意味します。
[59] 永田靖・吉田道弘．(1997)．統計的多重比較法の基礎．サイエンティスト社．
[60] 森敏昭・吉田寿夫．(1990)．心理学のためのデータ解析テクニカルブック．北大路書房．

表2-20 代表的な多重比較方法

名称	特徴
Tukeyの方法	多くの統計ソフトで採用されている一般的な方法。検定力は比較的高い。各群のサンプル数が異なる場合はTukey-Kramerという改良版を用いる。正規分布と等分散性を仮定している。相関のあるデータ（参加者内要因データ）に対しては使用できない。
Scheffeの方法	対比の検定に使用される。対比とは，複数の群をプールしたデータの比較を意味する。すなわち，A_1 vs. (A_2+A_3)のような比較をさす。ノンパラメトリックデータにも適用できるものの，検定力は高くない。F値を使用する。
Dunnettの方法	対照（統制）群と残りの群の比較したい場合に使用する。各群のサンプル数が異なり，等分散性が成り立たないデータに対しても使用可能である。比較数が少なくすむため，検定力が高い。自由度が75以上は「DunnettのC」，75以下の場合は「DunnettのT3」という方法を選ぶ。相関のあるデータに対しては使用できない。
Games-Howellの方法	各群のサンプル数が異なり，等分散性が成り立たないデータに対しても使用可能。検定力は高くない。正規性を仮定している。
Bonferroniの方法	有意水準を検定回数で割ることにより，全体としての有意水準を設定した値以下に保つ方法。有意水準の調整法であるため，さまざまな検定に対して適用することができる。ただし，比較の数が多くなると検定力が著しく低下する。
Holmの方法	Bonferroniの方法に対して，有意確率が低い比較から順に有意差判断をしていくステップワイズ法をとり入れた方法。たとえば，検定を5回繰り返す場合，最初は5%÷5＝1%を有意水準として採用するが，その後は間違いをおかす確率が1つ減ったと解釈し，5%÷4＝1.25%を有意差判断の基準とする。つまり，有意確率が低い方から検定をおこない，有意差が出る限りは，有意水準を段階的にゆるめていく。有意差がみられなかった場合には，そこで分析を終了する。Bonferroniの方法よりも検定力が高い。
Shafferの方法	Holmの方法に加えて，帰無仮説の論理性まで考慮して有意水準を調整する方法。Holmの方法と同じく，最初は5%を比較の数で割った有意水準を用いる。次の比較からは，「A_1とA_2に差があるとわかったのだから$A_1=A_3$と$A_2=A_3$という帰無仮説は同時には成り立たない」という論理判断にもとづき，独立な帰無仮説の数で割った有意水準を使用して判断をおこなう。Holmの方法よりも検定力が高い。

べての手法ではありませんが，代表的な検定手法の特徴を簡単にまとめたものを，表2-20に示します。

多重比較は多くの群を比較する方法であるため，1回限りの t 検定と比較すると，検定力は必然的に低くなります。もし，特定の水準間に有意差を見出したいという仮説があらかじめ決まっている場合は，なるべく少ない比較ですむように実験計画の段階で工夫をする必要があります。

【Rスクリプト：anovakunを用いた多重比較】
```
# anovakun_xxx.txtをあらかじめ読み込んでおくこと
# データの読み込み
data<-read.csv("10.csv",header=F)
# Shafferの方法
anovakun(data,"As",3,criteria=T)
# Holmの方法
anovakun(data,"As",3,criteria=T, holm=T)
```

\# ANOVA君のデフォルトはShafferの方法です。<MULTIPLE COMPARISON>の項目にあるpは，p 値を示しています。p 値がcriteriaの値を下回っていると，有意であると判断されます。
\# 多重比較方法の違いで調整後の有意水準であるcriteriaがどのように変わるかを確認してみましょう。
\# ShafferやHolmの方法のもっとも厳しいcriteriaの値が，他のすべての比較のcriteriaであると考えると，Bonferroniの方法を実施するのと同じことになります。この場合に，どのように有意差判断が変わるかも確認してみましょう。

2-11 相関分析

　相関分析はt検定や分散分析といった，ある独立変数によって従属変数の数値が変化したかどうかの判断をおこなう検定手法とは異なり，**2つの変数の関係性について検討する方法**です（図2-40）。相関分析の対象となる2つの変数はどちらも従属変数であり，独立変数は分析の対象となりません。本節では，相関分析の数学的な基礎となる共分散を詳しく解説したのち，相関係数の有意性検定，そして最後に，第3の変数まで考慮した相関分析について説明していきます。

2-11-1 共分散

- 共分散：2つのデータの対応する偏差を掛けあわせて算出される分散。

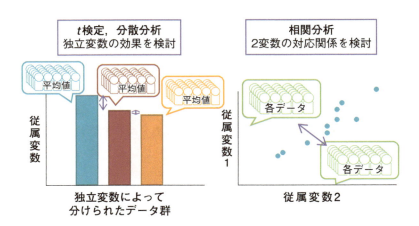

図2-40　差の検定と相関分析の違い

相関係数を算出する際には，**共分散**とよばれる統計量が重要です。共分散とは，**2つのデータの対応する偏差の積として算出される分散**[61]です。そのため，共分散は2つのデータの対応関係を反映したばらつきの指標である，ということができます。2つのデータに対応がない場合には，関係性を定義できないため，共分散は計算できません。

通常の分散は，（式68）のように，偏差の2乗を平均することで求められます。

$$S_A = \frac{1}{n}\sum_{i=1}^{n}(A_i - \bar{A})^2 \qquad \text{（式68）}$$

データAとデータBの共分散を求めるには，2つのデータの対応する偏差どうしを掛けあわせ，すべてのデータの偏差の積を平均します。

$$S_{AB} = \frac{1}{n}\sum_{i=1}^{n}(A_i - \bar{A})(B_i - \bar{B}) \qquad \text{（式69）}$$

（式69）において，n は対応するデータの数であり，$(A_i - \bar{A})(B_i - \bar{B})$ が対応する偏差の積です。通常の分散の計算に使用する偏差の2乗 $(A_i - \bar{A})^2$ は，展開すると $(A_i - \bar{A})(A_i - \bar{A})$ となります。共分散の計算式は，片方の $(A_i - \bar{A})$ を，対応のあるデータの偏差 $(B_i - \bar{B})$ におき換えただけだと考えてください。このように，1つのデータの分散と対応のあるデータの共分散は，本質的に同じ計算式を用いて算出されます。

表2-21に示すデータを用いて，実際に共分散を算出してみましょう。表にはデータのペアは2種類あり，A–B のペアが相関の高いデータで，C–D のペアが相関の低いデータです。

（式69）にもとづいて，相関の高いデータのペア（A–B）に対する共分散を計算してみましょう。データAの平均値は88，データBの平均値は78.3です。各データの値から平均値を引いたものが偏差であるため，（式69）に具体的な数値を代入すると，次式のようになります。

---

[61] 共分散は，「2変量の分散」と表記されることがあります。変量（variate）とは，ある変数に関するデータの値を意味します。いっぽうで，変数（variable）は，概念を示す用語です。たとえば独立変数や従属変数は「変数」であるため，季節，性別，正答率，反応時間などの概念をさしますが，データそのものを意味しません。

表2-21 相関の高いデータと低いデータ

	相関の高いデータ		相関の低いデータ	
	A	B	C	D
1	90	80	90	80
2	88	78	70	85
3	84	73	84	73
4	98	89	94	75
5	90	83	79	83
6	78	69	78	69
7	94	80	94	80
8	91	85	90	90
9	88	76	90	77
10	79	70	83	70
平均値	88.00	78.30	85.20	78.20

$$S_{AB} = \frac{1}{10} \times \{(90-88)(80-78.3) + (88-88)(78-78.3)$$
$$+ \cdots + (79-88)(70-78.3)\} = 33.9 \quad \text{(式70)}$$

（式70）を計算すると，データAとデータBの共分散は33.9となります。同様に，相関の低いデータのペア（C-D）に対する共分散を計算すると，0.46となります。この計算の具体的な数式は示しませんが，各自で計算してみてください。

【Rスクリプト:共分散の算出】

```
data<-read.csv("11.csv",header=F)        #データの読み込み
var(data[,1],data[,2])*(10-1)/10         #相関の高いデータの共分散
var(data[,3],data[,4])*(10-1)/10         #相関の低いデータの共分散
# varは不偏共分散を求める関数であるため,標本共分散を求めるためには,(n-1)
倍してからnで割る必要がある
```

R 11.csv

2-11-2 共分散の意味

- 共分散の符号:正あるいは負の値をとる。データの分布が「右肩上がり」型であれば正,「右肩下がり」型では負の値をとりやすい。

次に,共分散の値のもつ意味について考えていきましょう。通常の分散は偏差の2乗を用いるため,偏差の正負にかかわらず,常に正の値をとります。いっぽうで,共分散は異なる値の掛けあわせであるため,**個々の偏差の正負によって共分散の正負は変わります**(図2-41)。

共分散は2つの偏差の積です。そのため,2次元のグラフにデータをプロットすることが,共分散の性質の理解に役立ちます。図2-41の赤い星印は,あるデータAとそれに対応するデータBの平均値をプロットしたも

分散
偏差の2乗
$$(A_i - \bar{A})(A_i - \bar{A}) = (A_i - \bar{A})^2$$
$$= 常に正の値!$$

共分散
対応する偏差の積
$$(A_i - \bar{A})(B_i - \bar{B}) = 正あるいは負の値!$$
(正 or 負) (正 or 負)

図2-41 分散と共分散の符号の違い

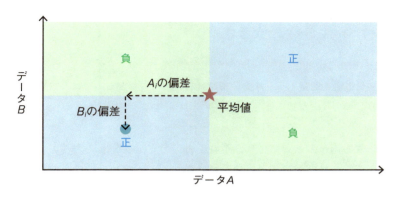

図2-42 散布図における共分散

のです。水色の丸印がデータAとBにおいて対応する，ある1つの点（A_i, B_i）です。本当はもっとデータがありますが，今回の図では，1つのデータのみが表示されていると考えてください。

図2-42において，A_iは平均値からマイナス方向，同様にB_iも平均値からマイナス方向にあります。この場合，それぞれの偏差の符号は負となるため，2つの偏差の積の符号は正となります（負×負＝正）。同様にグラフのほかの領域について考えると，対応する**2つのデータの偏差の符号がそろっている場合は偏差の積が正の値，2つの偏差の符号がそろっていない場合は偏差の積が負の値になる**ことがわかります。この符号のパターンを，図2-42では4つの区画の色分けによって示しています。

共分散は，すべてのデータにおける対応する偏差の積の平均値です。そのため，データがどのような分布をしているのかによって，共分散の符号と大きさが決まります。つまり，「正のエリア」に多くデータが存在していれば共分散は正の値をとりやすくなり，「負のエリア」に多くデータが存在していれば負の値をとりやすくなります。グラフにおける正負のエリアの位置を考慮すると，**データの分布が「右肩上がり」型であれば正，「右肩下がり」型では負の値をとりやすくなる**ことがわかります。

2-11-3 共分散の大きさ

> ● 共分散の絶対値：データの分布が「右肩上がり」型あるいは「右肩下がり」型の傾向が強いほど，絶対値が大きくなる。

　共分散の符号とともに重要な意味をもつのが，共分散の大きさです。データが正負のエリアに関係なく一様に散らばっている場合は，それぞれの偏差は正負さまざまであるため，その平均の値はあまり大きくなりません。いっぽうで，**データの分布が「右肩上がり」型あるいは「右肩下がり」型の傾向が強いほど，共分散の絶対値は大きくなります。**

　図2-43を見てください。まず(a)のグラフでは，データは正のエリアにも負のエリアにも一様に分布しています。このような場合には，すべての偏差の積を平均すると，最終的な共分散の値はゼロに近くなります。いっぽうで(b)のグラフのように，正のエリアを中心にデータが分布している場合（右肩上がり）は，負の符号をもつ偏差の積が少なくなります。そのため，共分散の値は，正の方向に大きくなります。逆に，負のエリアを中心にデータが集まっている場合（右肩下がり）は，共分散の値は負の方向に大きくなります。つまり，**データ分布が正のエリアあるいは負のエリアに一貫して存在しているほど，共分散の絶対値は大きくなるのです。**

　以上のように，共分散の符号と大きさは，2変数のデータの分布の形を

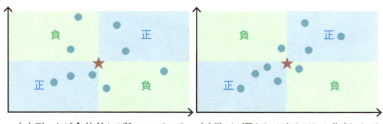

図2-43　データ分布の一貫性と共分散の大きさ

反映します。しかしながら，共分散という統計量は，2つの従属変数を掛けあわせているため，値の大きさを解釈するうえで困難をもたらします。たとえば，長さ（cm）と年齢（歳）という単位の違う2変数を掛けあわせた場合には，共分散の値の単位を定義することができません。

2-11-4 相関係数

> ● 相関係数（Correlation coefficient）：共分散の単位を標準化した指標。2変数の関係性を示す。−1から1の範囲をとる。

　共分散の値の大きさの解釈を統一するために，共分散の単位を標準化[62]した指標が**相関係数**です。**相関係数は，−1から1までの値をとります**。相関係数の絶対値が1に近づくほど2変数の関係は一貫したものになり，これを「相関が強い」と表現します。相関係数が+1であれば正比例，−1であれば反比例です。いっぽうで，相関係数が0に近いほど，2変数が一貫した関係をもたないことを示します。相関係数は，**共分散をそれぞれのデータの標準偏差の積で割る**ことによって算出され，次の式で計算されます。

$$r_{AB} = \frac{S_{AB}}{\sqrt{S_A} \times \sqrt{S_B}} \qquad (式71)$$

（式71）において，r_{AB} は2つのデータの相関係数，S_A，S_B はそれぞれのデータの分散，S_{AB} は共分散を示します。標準偏差は分散の平方根をとったものであるため，$\sqrt{S_A}$ と $\sqrt{S_B}$ はデータAとBそれぞれの標準偏差です。この式により，共分散は，−1から1までの値をとる相関係数として標準化されます。

　相関係数がとる値の性質について理解するために，相関係数の算出（式71）を，シグマと偏差を用いて表現しなおすと，次のようになります。

$$r_{AB} = \frac{1}{n} \sum_{i=1}^{n} \frac{(A_i - \overline{A}) \times (B_i - \overline{B})}{|A_i - \overline{A}| \times |B_i - \overline{B}|} \qquad (式72)$$

---

[62] 標準化については，3-4節で解説します。

（式72）は分母と分子ともに，偏差の積で構成されています。注目すべき点は，**分母が絶対値の掛け算であるのため，常に正の値をとるのに対し，分子は正負両方の値をとりうる**という点です。（式72）のシグマより右側の式において，分子・分母それぞれの要素が等しいため，

$$-1 \leq \frac{(A_i - \bar{A}) \times (B_i - \bar{B})}{|A_i - \bar{A}| \times |B_i - \bar{B}|} \leq 1 \qquad (式73)$$

となります。そのため，（式73）の平均値である**相関係数r_{AB}も，−1から1までの範囲におさまる**のです。符号の解釈は，共分散と同様に，正だと右肩上がり，負だと右肩下がりのデータ分布を示し，値が1に近づくほどそれらの傾向が強くなります。

【Rスクリプト：相関係数の算出】
```
data<-read.csv("11.csv",header=F)      #データの読み込み
cor(data[,1],data[,2])                  #相関の高いデータの相関係数
cor(data[,3],data[,4])                  #相関の低いデータの相関係数
```

R
11.csv

2-11-5　データの相関の強さ

　相関係数の値がどのくらいのときに相関が"強い"あるいは"弱い"といえるかは，何を研究対象とするかによって異なります。たとえば，実験研究における刺激特徴と反応時間の相関係数と，調査研究における質問紙回答の相関係数では，強いと考えられる相関係数の値が異なります。一般的には，実験研究よりも調査研究のほうが，強いととらえる相関係数の値は低い傾向があります。これは，実験室でおこなう研究よりも，調査研究で得られるデータには剰余変数が多く影響すると考えられるためです。剰余変数が多い中では，検討された要因の効果が小さいとしても，より意味のある効果であると考えられます。そのため，実験室実験と質問紙調査では，必然的に基準となる相関係数の大きさが変わってくるのです[63]。

---

[63] 心理学において相関が強いと考えられる相関係数の値でも，経済学では相関が弱いとされるなど，学問分野の違いも存在します。

そのような研究分野における判断のばらつきは存在するものの、**心理学でよく用いられている相関係数の解釈基準があります**。それが、Guilford（1956）が提唱した基準です（**表2-22**）[64]。相関の強さについての解釈を、相関係数の絶対値に応じて4段階に分類して

表2-22　相関係数の大きさと解釈

相関係数の絶対値	解釈
$0 < r \leq 0.2$	ほとんど相関なし
$0.2 < r \leq 0.4$	弱い相関あり
$0.4 < r \leq 0.7$	中程度の相関あり
$0.7 < r \leq 1.0$	強い相関あり

います。この基準に従うと、たとえば相関係数が−0.5であった場合には、論文では「2変数の間には、中程度の負の相関があった」と記載します。Guilfordの基準は長らく使用されており、1つの目安としては現在でも有用です。

図2-44に、Guilfordの基準値と対応する相関の強さである0.2、0.4、0.7の3つの散布図を示します（0.7の場合は負の相関）。相関係数が0.2の場合は、見た目にはほぼ相関がありません(a)。0.4の場合は、多少右肩上がりの傾向が確認できますが、左下の2つのデータが、外れ値として影響していそうです(b)。相関係数が−0.7の場合は、一貫した右肩下がりのデータ分布であることがわかります(c)。

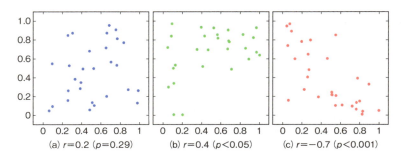

(a) $r=0.2$ ($p=0.29$)　　(b) $r=0.4$ ($p<0.05$)　　(c) $r=-0.7$ ($p<0.001$)

図2-44　相関係数と散布図

---

[64] Guilford, J. P. (1956). *Fundamental statistics in psychology and education 3rd edition.* New York: McGraw Hill.

2-11-6 相関係数の有意性検定

- 相関係数の有意性検定：母集団における相関係数 ρ がゼロでないかどうかを検討する。

相関係数は2群のデータの関係性についての記述統計量です。心理学研究では，実験や調査によって得られたデータの特徴が，母集団に対しても一般化できるかどうかを検討することを目的とします。そのため，通常は相関係数に対しても，統計的仮説検定による**有意性検定**をおこないます[65]。得られたデータの相関係数は小文字の r （アール）で表され，母集団データの相関係数の推測値は ρ （ロー）というギリシャ文字で表されるのが通例です。論文では，サンプルデータに関する値（r）と，統計的有意性判断を報告するのが一般的です。

相関係数の有意性検定における帰無仮説は「母集団の相関係数 ρ はゼロである」であり，**対立仮説は「母集団の相関係数 ρ はゼロでない」**です。帰無仮説が棄却されたときには，「2つの母集団データにはゼロでない相関関係がある」と結論します。ここで注意しなければならない重要な点があります。それは，**「相関係数が統計的に有意であることは，2つの母集団データの相関係数が特定の値であることを示さない」**ことです。たとえば相関係数 r が0.5であり，それが統計的に有意だと判断されたとしましょう。この結果は，「母集団において2つのデータの相関係数がゼロでない」ことは示しますが，「母集団における相関係数が0.5である」ことは意味しません。このような意味で，相関係数の有意性検定は無相関検定とよばれることもあります。

それでは相関係数に関する有意性検定をおこなってみましょう。**相関係数の有意性検定には t 分布を用いるため，検定統計量も t 値を用います**。相関係数の t 値は以下の計算式（式74）で求められます。

---

[65] 相関係数の検定も実質は有意「差」検定なのですが，相関係数に有意「差」が見られたとは表現しないため，本書では有意性検定と表現します。英語でも，有意な相関係数は significance of correlation と表現され，「差」という言葉は使用されません。

$$t = \frac{r\sqrt{n-2}}{\sqrt{1-r^2}} \qquad \text{(式74)}$$

ここで，nは2群のデータの総数であり，rはサンプルデータの相関係数です。たとえば，データ数が20のデータが2つあり，それらの相関係数が0.5であったとしましょう。この場合の検定統計量t値は

$$t = \frac{0.5\sqrt{40-2}}{\sqrt{1-(0.5)^2}} = 3.56 \qquad \text{(式75)}$$

と計算されます。相関係数の自由度は（データの総数－2）であるため，今回のデータの自由度は40－2＝38です。したがって，自由度38のt分布表の値よりも3.56のほうが大きければ，相関係数は有意であると判断されます。しかし，p.252のt分布表を見ると，自由度38の行がありません。このような場合には，38より大きくてもっとも近い値である40の行を近似値として参照します。相関係数の有意性検定では両側検定を用います。自由度40の場合の，両側検定における0.1％水準のt値の下限値は3.55であるため，2群のデータの相関係数0.5は統計的に有意である（$t(38) = 3.56$，$p < 0.001$）と判断されます。

【Rスクリプト：相関係数の有意性判断】

```
# 表2-22のデータ
data<-read.csv("11.csv",header=F)         #データの読み込み
cor.test(data[,1],data[,2])               #相関の高いデータ
cor.test (data[,3],data[,4])              #相関の低いデータ
# 図2-43のデータ
data<-read.csv("12.csv",header=F)         #データの読み込み
cor.test(data[,1],data[,2])               # r = 0.2のデータ
cor.test (data[,3],data[,4])              # r = 0.4のデータ
cor.test (data[,5],data[,6])              # r = −0.7のデータ
```

2-11-7 相関係数の有意性の解釈

相関係数の有意性判断に用いられるt値の算出式には，自由度が含まれています。自由度がt値の分子であるため，データ数が多くなると，相関係数についてのt値も大きくなります（式74）。したがって，**相関係数の絶対値が小さかったとしても，データ数が多ければ，その相関係数の値は統計的に有意であると判断されます**。たとえば，2群のデータの総数が350である場合は，相関係数が0.1だとしても5％水準で有意であると判断されます。相関係数が0.1であるとは，図2-44に示した$r=0.2$の散布図よりも一貫性のないデータ分布です。

このような場合には，相関係数と有意性判断のどちらを優先して解釈すればよいのでしょうか。そもそも**統計的仮説検定は，推測統計という性質上，データ数が数十程度であるときのみ意味のある方法**です。心理学においては，100を超えるような大きなデータに対しては，そのデータ自体を母集団と考えてもよいくらいのデータの規模となることもあるため，統計的な有意性判断のもつ意味が非常に曖昧になってきます。相関係数を算出するような研究は比較的大きなデータを扱うことも多いため，有意性判断の結果のみから，考察を進めないようにしましょう。

 2-11-8 擬似相関

● **擬似相関**（Spurious correlation）：分析対象の変数間に，実際には相関がないのにもかかわらず，第3の変数の影響によって相関関係が得られること。

次に，相関分析を用いるうえで気をつけるべきパターンを紹介します。たとえば，「子どもがゲームをする時間（ゲーム時間）」と「子どもの暴力行動の頻度（暴力行動）」という2変数に関して分析をおこない，これら2つのデータが正の相関を示していたとします。このような**相関関係を解釈**

図2-45　3変数の関係性の概念図

する際には，**研究者が想定していない第3の変数に気をつける**必要があります。

たとえば親が子どもとコミュニケーションをとる時間が少なく，そのために子どもがゲームをする時間が長くなっている場合には，ゲーム時間そのものと暴力行動そのものの間には本質的な相関関係がない可能性があります。すなわち，「親とのコミュニケーション時間」を統制したうえでデータをとりなおせば，ゲームをする時間と暴力行動の相関関係が消える可能性があります。このときの3つの変数の関係性は**図2-45**のように表現できます。

コミュニケーション時間が，ゲーム時間と暴力行動の双方にそれぞれ相関する変数であると仮定すると，その相関関係は，ゲーム時間と暴力行動の相関関係にも反映されます。そのため，2変数に関して得られた「データ」どうしには相関関係が検出されます。しかし，それらのデータには，検討したい変数（ゲーム時間，暴力行動）以外の要素が含まれてしまっているため，2変数の相関関係を算出したとしても，その値は誤っている可能性があります。

このように，**分析対象ではない第3の変数が分析対象の2変数それぞれと相関するために，分析対象の2変数が相関してしまうことを擬似相関**（見せかけの相関）とよびます[66]。擬似相関は実験統制の考え方では，剰余変数が存在してデータがゆがんでいる状態であると解釈できます。相関係数を算出する際には，常に擬似相関の可能性を念頭におき，注意深い実験計画と分析が必要です。

---

[66]「擬似相関とは，第3の変数により存在するはずのない因果関係があるかのように推測されること」と解説されている例もありますが，これは厳密には間違いです。相関分析はそもそも因果関係を扱いません。

2-11-9 部分相関・偏相関

- 制御変数（Control variable）：部分相関分析・偏相関分析において相関成分を排除される第3の変数。
- 部分相関（Part correlation）：2変数の片方から制御変数との相関成分を取り除いて算出された相関係数。
- 偏相関（Partial correlation）：2変数の両方から制御変数との相関成分をとり除いて算出された相関係数。

分析対象の2変数の間に，それぞれに相関する第3の変数が介在すると，擬似相関が生じてしまったり，分析対象の2変数の相関係数をゆがめてしまったりします。このような場合には，第3の変数を排除したデータ測定をおこなうことが理想です。しかしながら，分析対象とする変数の都合上，第3の変数の影響を排除したデータが測定できないことも多くあります。そのような場合には，**部分相関**あるいは**偏相関**という，**第3の変数と相関する成分を排除した，特定の2変数間の相関係数**を算出します[67]。

これらの分析方法では，3変数に関するデータが必要です。つまり，興味のある2変数に加えて，剰余変数となりそうなデータをあらかじめ取得しておき，後からその成分を差し引きます。部分相関分析，偏相関分析においては，**影響を排除すべき第3の変数**のことを，**制御変数**とよびます。部分相関分析と偏相関分析の違いは，制御変数と相関する成分の排除の仕方です。部分相関分析では，**一方の変数のみに関して制御変数と相関する**

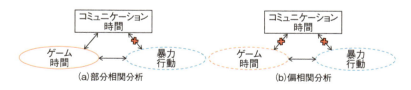

図2-46　第3の変数を排除する相関分析

---

[67] 本書では解説しませんが，擬似相関を排除して2変数の関係性を検討する別の解析方法として，重回帰分析という統計手法も用いられます。

成分を排除します。これに対して偏相関分析では，**両方の変数に対して制御変数と相関する成分を排除**します。

具体例を使って説明しましょう。部分相関分析では，暴力行動から，コミュニケーション時間と相関する成分を除いたうえで，ゲーム時間と暴力行動との相関係数を算出します（図2-46a）。この場合，片方の変数においてのみ，制御変数との相関成分が排除されます。つまり，「コミュニケーション時間と相関しない暴力行動成分」とゲーム時間との相関を計算していることになります。一方で，偏相関分析では，ゲーム時間と暴力行動の両方から，コミュニケーション時間の影響を除いた相関係数を導くことができます（図2-46b）。つまり，「コミュニケーション時間と相関しない暴力行動成分」と「コミュニケーション時間と相関しないゲーム時間成分」との相関が算出されます。

これら2つの分析方法は，場合によって使い分ける必要がありますが，通常は，**偏相関分析を用いるケースが多い**でしょう。偏相関は下記の（式76）で計算されます。

$$r_{AB \cdot C} = \frac{r_{AB} - r_{AC} r_{BC}}{\sqrt{1 - r_{AC}^2} \times \sqrt{1 - r_{BC}^2}} \tag{式76}$$

（式76）において，データAとデータBが分析対象となる2変数であり，データCが制御変数です。また，$r_{AB \cdot C}$はCの成分を排除したデータAとデータBの相関係数を示します。式を見るとわかるように，r_{AB}からr_{AC}やr_{BC}を減算および除算することで，r_{AB}からCの成分をとり除いています。

今回の解説では，2つの対象変数と1つの制御変数を扱いましたが，部分相関分析・偏相関分析では，さらに多くの制御変数を設定することもできます。一般的に，このような分析をおこなう場合には，まず複数の変数間の相関係数を総当たり的に求めます。その中で，**相関の高い組み合わせが複数存在するときには，擬似相関が生じている可能性があります**。そのため，興味のある変数以外を制御変数として設定したうえで，さらに偏相関係数を求めます。偏相関分析によって，対象となる2変数の相関係数の値がぐっと低くなったら，対象となる2変数の相関係数から制御変数との余計な相関成分が排除されたことを意味します。

ただし，複数の変数の相関係数を調べる際には，**対象となる2変数以外の変数はすべて制御変数としての可能性があります**。それらすべてを制御変数として計算することは現実的ではありません。そのため，実験的に統制できる変数は積極的に統制し，さらに，目的に応じて理論的・数値的に重要と考えられる変数のみを制御変数として設定しなければいけません。

【Rスクリプト：部分相関係数・偏相関係数の算出】

```
# パッケージのダウンロードとインストール
# ダウンロード先を選ぶウィンドウが出たら，Japanを選ぶ
install.packages("ppcor")          # このコマンドは最初の1回のみ実行する
# パッケージの読み込み
library(ppcor)
# データ読み込み
data <- read.csv("13.csv", header = F)
# ふつうの相関係数の算出
cor.test(data[,1], data[,2])
# 部分相関係数の算出　zがyを制御
spcor.test(x=data[,1], y=data[,2], z=data[,3])
# 偏相関係数の算出　zがxとyを制御
pcor.test(x=data[,1], y=data[,2], z=data[,3])
```

R
13.csv

ステップ3　もっと深く知ろう

　ステップ3では，これまで学んできた内容の前提となっている統計学的な基礎を学びます。具体的には，尺度の種類や，正規分布と代表値の関係，推測統計における不偏という考え方についてなどです。多くの教科書では，これらのトピックは教科書の最初の部分，つまり具体的な分析手法よりも前に解説されます。しかし，これらの事項はとても重要である一方で，非常にとっつきにくく，自分で統計検定を実施したり計画したりするレベルになるまでは，その重要性も理解しにくいのが実情です。そこで本書では，敢えてこれらのトピックを最後の章に持ってきました。このようにすることで，基礎的な内容が，実践的な手法とより結びつくようになると考えました。
　ステップ3は，いわば統計手法の舞台裏です。そのような知識を新たに加えることにより，今までに学んだ統計的な概念をより明確に，そしてより深く身に付けていってください。

3-1 尺度水準

　今までのステップでは，身長や反応時間などの連続して変動する値を扱ってきました。たとえば，ある実験刺激に対する反応時間は 500 ms，501 ms，……，600 ms といった形で，連続的に変化する値をとりえます。しかし，実験や調査の実施方法によっては，得られるデータが連続的な数値をとらない場合もあります。こうした複数のデータ形式を解釈するために，**尺度水準**という概念が重要です。尺度水準とは，**尺度の性能の高低に関する基準**のことであり，4つの水準があります。3-1節では，異なる尺度水準で計測されたさまざまなデータの性質を解説します。

3-1-1 尺度と尺度水準

- 尺度：データを測定するための物差しのこと。
- 尺度水準：尺度の性能に関する高低の基準。比率尺度，間隔尺度，順序尺度，名義尺度の4つの種類（水準）がある。4つのそれぞれが異なる形式でデータを測定する。

　データは，その性質にあわせてどのような**尺度**で測定するかが決まってきます。尺度とはすなわち，**データを測定するための物差し**のことです。異なる物差しで測定をおこなうことで，得られるデータは異なる形式のものになります。そのため，測定したい目標を決めた後，それを測ることのできる適切な尺度を決めることが重要です。

　たとえば，質問紙調査において「はい」か「いいえ」を回答する質問項目から得られるデータと，実験において反応時間として得られるデータは異なります。質問項目から得られるデータとくらべて，反応時間として得

られるデータのほうが，細かい単位でデータが得られます。このことから，反応時間のほうが情報量の多いデータを取得できる可能性があります。心理学研究では，目的に応じて異なる尺度による測定がおこなわれます。

尺度には代表的なものが4つあり，それらは，**比率尺度，間隔尺度，順序尺度，名義尺度**です。これらの尺度はStevens（1946）によって提案されたため，4つをまとめて「Stevensの**尺度水準**」とよびます。4つの尺度はそれぞれ異なる性能をもちます。次項で，4つの尺度水準それぞれについて，身近な例と心理学的な例の両方をとり上げて解説します。

3-1-2 4つの尺度水準

- 比率尺度：この尺度水準で測定したデータは，原点が定められており，四則演算をおこなえる。
- 間隔尺度：この尺度水準で測定したデータは，数値の差が等間隔であり，足し引きがおこなえる。
- 順序尺度：この尺度水準で測定したデータは，大小関係にのみ意味があり，計算をおこなえない。
- 名義尺度：この尺度水準で測定したデータは，数値を区別するためのみに用いられる。

比率尺度（Ratio Scale） は，もっとも親しみがあるデータの物差しです。図3-1aに示されているように，この尺度水準で測定されたデータは，**原点として0をもち，プラスとマイナスの値をとりえます**。原点という基準が存在しているために，倍数を定義することができます。このような性質を持つため，比率尺度のデータでは**四則演算（足し算，掛け算，引き算，割り算）のすべてを適用することが可能**です。たとえば，日本の通貨単位「円」は比率尺度です。原点（0円）が存在し，100円の2倍が200円といった形で倍数の定義が可能です。心理学の研究でよく用いられる比率尺度

図3-1 4つの尺度水準の一般的な使用例と心理学における使用例

の例として，本書で何度も扱ってきた反応時間が挙げられます。

　この説明だけを見ると，当たり前すぎて比率尺度の特色が何なのかがわからないかもしれません。しかし，ほかの尺度水準について知れば，比率尺度が特別に優れた尺度であることがわかってくるはずです。

　間隔尺度（Interval Scale） は，**原点としての0が存在しない**点で比率尺度と異なります（**図3-1b**）。0が存在しないことは些細な違いに思えるかもしれませんが，数値を扱ううえで0は非常に重要です。原点がなくなってしまうことで，倍数の定義ができなくなるからです。間隔尺度は等間隔で数値を扱えますが，この性質のために倍数を扱うことができません。

　たとえば，知能指数（IQ）が間隔尺度にあてはまります。人間の知能について絶対的な基準を定めるのは困難なため，IQに原点は存在せず，倍数も定義できません。倍数を定義できないため，IQ200の大学生は，IQ100の大学生の2倍知能が高いということにはなりません。また，IQが0であることは，知能がゼロであることを意味しません。このように，IQで定められている原点は仮のものであるため，IQ200とIQ100は，IQ150

とIQ100と表現することもできます。しかしこのとき，差は一定であるにもかかわらず，当初の比率は2倍だったのもが3倍となってしまいます。このような事情があるため，間隔尺度では倍数は定義できないのです。

上記の例で示した性質のため，間隔尺度のデータでは**足し算と引き算をおこなえるものの，掛け算と割り算はおこなえません**。心理学の研究においても，原点が存在しない心理反応を測定するために間隔尺度が用いられます。たとえば，対人印象などを評価する際に使うリッカート尺度は間隔尺度です（これについては，3-1-3項で詳しく解説します）。

次に**順序尺度（Ordinal Scale）**ですが，これは順位を測る尺度水準です。図3-1cに示されているように，たとえば，オリンピックの100メートル走における1位，2位，3位というときの1，2，3の順位に関するデータは，順序尺度です。さきほどの間隔尺度の場合には，1と2，2と3の間が等間隔であったために足し算と引き算をおこなうことができました。いっぽう，順序尺度は順番の情報しかもたず，等間隔が保障されないために，足し算と引き算がおこなえません。すなわち，順序尺度のデータでは，いずれの**四則演算もおこなうことができません**。

順序尺度で四則演算がおこなえないことは，100メートル走で1位の選手の成績がずば抜けていて，2位と3位の差がわずか，という場合を思い浮かべるとわかりやすいでしょう。この状態で2−1と3−2の計算をおこなうと，結果はどちらも1ですが，意味するものが違います。さらに，異なる年におこなわれたオリンピックでは，1位，2位，3位の間にある成績の差は異なります。これはつまり，順位のデータを足し引きして得られる数値の意味するものが毎回異なることを意味します。一方で，そのときの比較において，1位がいちばん上で3位がいちばん下であるという**順位は変わりません。そのため，順序尺度ではデータを足し引きできないものの，数値の順番には意味があるのです**。

心理学の研究における順序尺度として，臨床の現場でおこなわれる検査が挙げられます。臨床検査において，症状が「1. 改善した」，「2. どちらでもない」，「3. 悪化した」という結果が得られる場合があります。これらの選択肢には順位こそつけられるものの，1から3の間が**等間隔であ**

るとはみなせません。

　最後に，4つめの**名義尺度（Nominal Scale）**についてです。この尺度水準では足し算や引き算などの演算がまったくおこなえないのに加えて，**順番の情報もなくなります**。このことの意味は，順不同に並べられた複数の選択肢の中から1つを選択するアンケート調査を思い浮かべると，理解しやすいと思います。

　たとえば，「あなたがもっともよく使うカフェは次の4つのうちどれですか？」という質問に対して，{1. スターグリーン，2. タラーズ，3. ワシントンコーヒー，4. 下島珈琲}という選択肢が与えられたとします。これら4つのカフェには**数字こそ割り当てられてはいるものの，順序尺度の場合のように1，2，3，4において1が最上位にあるわけではありません**。{1. 下島珈琲，2. ワシントンコーヒー，3. タラーズ，4. スターグリーン}と割り当てても問題はありません（選択肢の印象は少し変わるかもしれませんが）。

　この質問への回答から得られる情報は，どのお店を選択したかだけです。個人的にスターグリーンをもっともよく利用しており，その次にタラーズを使用している人がいたとしても，この質問形式ではそのような順位についての回答はできません。そのため，**名義尺度を用いると，どの選択肢を選ぶ人が多かったか（この例ではどのカフェを選ぶ人が多かったか）という頻度・度数の情報のみを得ることができます**。

　心理学の研究においては，図3-1dに示されているように，たとえば「共感した／共感しなかった」や「男性／女性」というように，実験参加者を2つのカテゴリに分ける場合に名義尺度がよく用いられます。

　以上で説明した4つの尺度水準の特徴は，図3-2のようにまとめられます。比率尺度がもっとも多くの種類の計算が可能で，間隔尺度，順序尺度，名義尺度の順で可能な数値比較が減っていきます。

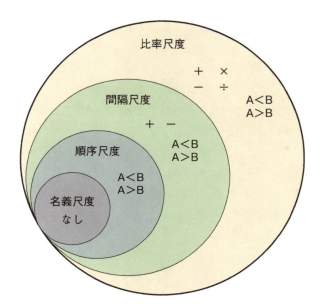

図3-2　4つの尺度水準について可能な数値計算の比較
比率尺度は四則演算をおこなうことができ，数値の大小関係（A＞B，A＜B）が把握できる。間隔尺度は足し引きを計算して，数値の大小関係を把握することが可能。順序尺度は数値の大小関係を把握できるのみ。名義尺度は数値計算・比較ができない。

3-1-3 4つの尺度水準の心理学における使いどころ

- 使用する尺度水準の優先順位：データ測定に用いる尺度水準の優先順位は，比率尺度＞間隔尺度＞順序尺度＞名義尺度である。あくまで研究目的に応じるものの，基本的には優先順位が上位の尺度水準を使用することが推奨される。

これまでの説明で，4つの尺度水準は比率尺度，間隔尺度，順序尺度，名義尺度の順で情報量が徐々に減っていくことが見てとれたと思います。**科学的により洗練された研究をおこなうためには，調べる対象を数値でと**

らえ，さまざまな比較・解析をおこなうことが重要です。これは，計算のできない順序尺度や名義尺度を使ってはいけないということではありません。しかし，対象を数理計算することで詳細な検討が可能になり，精度が高くまた再現性[1]のある結論を得られるようになります。よって，データを測定する際には，**比率尺度や間隔尺度などのできるだけ多くの情報をもつ尺度水準を用いることが推奨されます**[2]。

また，これらの尺度水準を使用する別の理由として，データが正規分布に従うことを仮定できるという利点が挙げられます。この仮定が成り立つので，t検定や分散分析といった統計的仮説検定を実施することができるのです。また，仮説的統計検定に限らないほかのさまざまな統計手法（た

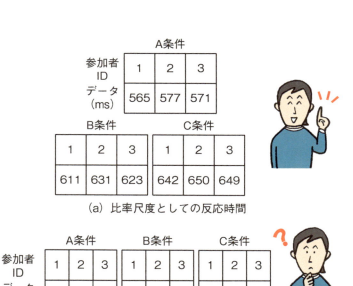

図3-3　反応時間を名義尺度として扱う場合と比率尺度として扱う場合

---

(1) 同じ実験をおこなったときに同一の結果が得られることをさします。
(2) ただし，理論的な考え方にもとづき，積極的に名義尺度を測定する研究もあります。たとえば，ディスプレイに呈示された視覚画像が「見えた」か「見えない」かの二択で尋ねる実験は知覚心理学の分野でよくおこなわれます。この際に，何度も試行を繰り返すことにより，「見えた」比率を計算することができるようになるのです。このように，測定する反応は名義尺度であっても，そこからの工夫によって，解析する尺度の種類が変わることがあります。

とえば平均値）も正規分布の仮定のうえで適用されます。したがって，得られたデータからより多くの知見を得るために，比率尺度や間隔尺度による測定が推奨されるのです。

具体的に反応時間のデータの例で考えてみましょう（図3-3）。A，B，Cの条件における反応時間を比率尺度で測ることができれば，A条件とB条件の差が，A条件とC条件の差とくらべて大きいか小さいか，さらにはその差が一方のデータの何パーセントくらいに相当するかといった詳細な情報が得られます。この情報にもとづいて，条件間の差の検討や，個人差がどの程度あるのか，ある参加者はその課題が得意といえるのか，といった検討が多様な統計解析により可能になります。

一方で，順序尺度で測定した場合は，データからわかるのは，どの条件で反応が速いか（遅いか）の順位のみです。そのため，どの条件間の差がとくに大きいかといったことは，いっさいわかりません。さらに，名義尺度で個人のデータを分類した場合には反応時間のタイプが複数あることしかわかりません。速いか遅いかすら情報が得られない場合と，反応時間について数値で情報を得られる場合を考えれば，比率尺度でデータを得ることが推奨される理由がよくわかると思います。

3-1-4 リッカート尺度の扱い方

- リッカート尺度：心理調査に頻繁に用いられる尺度。順序尺度として扱うべきとも考えられるが，間隔尺度として扱う。

心理学の調査では，よくリッカート尺度を使った**印象評価やパーソナリティ調査**がおこなわれます。**リッカート尺度**とは，質問文に対して回答者がどの程度合意できるかを回答する尺度です。この際，回答者は「1. まったくあてはまらない」，「2. あてはまらない」，「3. どちらでもない」，「4. あてはまる」，「5. 非常にあてはまる」といった段階的な選択肢の中から1つを選んで数字で回答します。それでは，リッカート尺度はさきほ

ど紹介した4つの尺度水準のなかのどれにあてはまるでしょうか。

　順序尺度と考えた人のほうが多いのではないでしょうか。なぜなら，順序尺度の説明にあったように，回答項目の間の距離が一定であるかは不明であるが，回答項目の順位は決まっているという条件があてはまるように思えるからです。しかし，**こうした尺度は間隔尺度であるとみなして研究をおこなうのがふつう**です。

　リッカート尺度を間隔尺度とみなすのには，3つの理由があります。1つめは，となりあった回答項目のあいだの距離が一定である可能性が否定できない，という理由です。人のもつ心理距離を厳密に観察することができない以上，ある印象評価における5段階の評価項目の距離が一定である可能性を捨てきれません。2つめの理由は，さきに説明したように，順序尺度のデータでは足し算や引き算をおこなえない，というものです。つまり，間隔尺度のデータとみなすことで得られる，平均値の算出可能性という利点を重視した考え方です。3つめの理由として，リッカート尺度を間隔尺度とみなして得たデータの研究知見が積み重ねられていることが挙げられます。先行研究と同じデータ処理をおこなえば，過去の研究を追試して研究知見を積み重ねられます。

　質問によっては，「3. どちらでもない」と「4. あてはまる」の間の距離が，「2. あてはまらない」と「3. どちらでもない」の距離よりも非常に大きいと感じられる可能性も，もちろんあります。しかし，こうしたことを考えはじめると，性格調査のデータに対して統計解析をおこなうことが困難になってしまうため，間隔尺度として扱うことが認められているのです[3]。重要なのは，**質問紙調査をおこなう際に，選択肢に割り当てられている数字を間隔尺度とみなすのは便宜的な方法である**ということを意識に留めておくことです。加えて，さきに述べたように，間隔尺度で測定した項目は正規分布が仮定されているため，得られたデータが天井効果や床効果を示していないか確認することも重要です（天井効果や床効果については，ステップ2の2-9-4項の脚注を参照）。

---

[3] 困難になるからといって解決のための努力が何もなされていないわけではなく，尺度間の距離についての専門的な研究もしばしばおこなわれています。こういった研究の一例として，脇田（2004）が挙げられます。
脇田貴文（2004）．評定尺度法におけるカテゴリ間の間隔について―項目反応モデルを用いた評価方法― 心理学研究，75(4)，331–338．

3-2 カイ2乗検定

3-1-4項で，心理学の質問紙調査において扱うことの多いリッカート尺度は，間隔尺度とみなすと述べました．また，実験で得られる反応時間のデータなどは比率尺度として扱います．比率尺度と間隔尺度のデータには，ステップ1，2で解説してきたt検定や分散分析が適用可能です．しかし，**正規分布が仮定できないデータについては，分散分析などとは異なる統計的仮説検定をおこなう必要**があります．本節では，このうちとくに，名義尺度についての検定の代表例である**カイ2乗検定（Chi-square test）**について述べます[4]．

3-2-1 カイ2乗検定とは

- カイ2乗検定（Chi-square test）：名義尺度で測定された，ある条件と別の条件についての合計人数のデータに対して，統計的な有意差があるかを判定する検定．
- 質的変数（Qualitative variable）：分類することのみが可能な（大小関係の評価や計算はできない）データ形式のこと．名義尺度のデータがあてはまる[5]．

心理調査においてもっともよく使われる尺度は，3-1-4項で示したような複数の段階的な数字を選択肢としたリッカート尺度です．ただし，しばしば名義尺度を選択肢とする質問紙項目も扱われます．名義尺度を使って

---

[4] 順序尺度の検定には，マンホイットニーのU検定やクラスカルウォリスの検定などが用いられますが，本書では割愛します．興味のある読者は，村上（2015）などを参照してください．なお，カイ2乗検定とこれらの検定は，ノンパラメトリック検定（2-9-2項参照）とよばれる検定の一種です．
村上秀俊（2015）．ノンパラメトリック法（統計解析スタンダード） 朝倉書店

[5] 順序尺度を質的変数とする教科書もあり，意見が別れています．

得られたデータについて復習しましょう。前節で説明したように，名義尺度により得られたデータのもつ情報は，解答項目が選択されたか否かだけです。**3-1-2項**のカフェの例のように選択されたかどうかが1と0で表現され，ある選択肢を選んだ人数のみがデータとして記録されます。こうした，質的な違い[6]を分類するのみのデータを**質的変数（Qualitative variable）**とよびます。

カイ2乗検定は，**名義尺度で得られたデータ，すなわち質的変数について，ある条件と別の条件の値の大きさを比較できる検定手法**です。カイ2乗検定が用いられるのは，質的変数が1つもしくは2つで構成されるデータについて，適合度あるいは独立性を検定する場合です。以下では，カイ2乗検定の検定統計量を用いる適合度検定と独立性検定を紹介します。

3-2-2 適合度検定

> ●適合度検定（Goodness of fit test）：ある仮定のもとで理論的に導き出された値と，実際に得られたデータの値のずれの有無を判定する検定。

本項では，カイ2乗検定の方法を，具体例を使って学びましょう。大学生100人が，「あなたはこの中でどの競技がもっとも好きですか？」という質問に対して，「1. サッカー」「2. 野球」「3. バスケットボール」「4. テニス」の4つの選択肢から1つを選択したとします。この調査の結果は，回答者のうち何人がどの競技を選んだかについて，**表3-1**のようにまとめられます。

カイ2乗検定は，**質的変数における分類項目が，選択された頻度（度数）に有意な差があるかを検定する手法**です。この例であれば，4つのスポーツの選択された頻度に有意な差があるかを検定するということです。この際に用いられる検定は**適合度検定（Goodness of fit test）**とよばれます。

検定するのは，「すべての競技に対する回答人数が等しい」という帰無仮説（**2-1-4項**参照）が正しいか否かです。帰無仮説が正しいとすれば，4

[6] （1：文学部，2：理学部，3：心理学部）のようなカテゴリカルな分類も質的変数に含まれます。

表3-1　競技に関する調査の回答人数と帰無仮説で想定される回答人数
質問：「どの競技がもっとも好きですか？」

競技	1. サッカー	2. 野球	3. バスケットボール	4. テニス
調査で得た回答人数	37	23	13	27
帰無仮説の想定人数	25	25	25	25

つの選択肢に対する回答人数がまったく同じ（25人ずつ）になり，調査結果は表3-2-1の最下段のようになります。この仮定にもとづいた数値と実際に得られたデータの数値の「ずれ」が統計的に有意であるか否かを検定するのが適合度検定です。

　ここから，カイ2乗検定の具体的な方法を説明します。カイ2乗検定では，**検定統計量としてカイ2乗値（χ^2値）を計算**します。その計算方法は以下のとおりです。実際に得られた各選択肢の人数のデータを**観測度数**（O），すべての選択肢で「はい」の回答者数が等しいという仮定（帰無仮説）に従った場合の各選択肢の人数を**期待度数**（E）とよびます（今扱っている例題では，$E=25$となります）。このとき，χ^2値は次の式で求められます。

$$\chi^2 = \frac{(O_1-E_1)^2}{E_1} + \frac{(O_2-E_2)^2}{E_2} + \cdots + \frac{(O_n-E_n)^2}{E_n} \quad (式1)$$

ここで，OやEの右下についている1，2は選択肢の番号を表す添え字です。また，nは選択肢の数を意味します。したがって，表3-1の例では$n=4$となります。なお，式の中盤に出てくる「…」という記号は，2からnまでの間にある数を省略していることを示します。

　（式1）の意味を言葉で示すと，（式2）となります。

$$\chi^2 = \frac{(観測度数_k - 期待度数_k)^2}{期待度数_k} の総和 \quad (式2)$$

ここでkは，選択肢のそれぞれ（ここでは，1. サッカー，2. 野球，3. バスケットボール，4. テニス）を示します。（式1）および（式2）は，

実際に得られた観測度数と帰無仮説によって想定される期待度数との差分の総和を示すものです。したがって，この式によって得られるχ^2値が大きくなるほど，帰無仮説からのずれが大きくなり，有意差が出やすくなります。表3-1のデータを（式1）にあてはめると，

$$\chi^2 = \frac{(37-25)^2}{25} + \frac{(23-25)^2}{25} + \frac{(13-25)^2}{25} + \frac{(27-25)^2}{25} = 11.84$$

となります。

　t検定ではt値とt分布を，分散分析ではF値とF分布を用いて統計的に有意な差があるといえるかを判断しました。カイ2乗検定では，これらとは異なる**カイ2乗分布という分布とχ^2値を照らしあわせて，有意差の有無を判断します**。図3-4にカイ2乗分布を示します。また，有意差の決定のためには自由度が必要ですが，カイ2乗検定の場合の自由度は，（選択肢の数－1）となります。すなわち，表3-1のデータでは，自由度＝4－1＝3です。

　カイ2乗検定における有意差の決定の仕方について具体的にみていきましょう。たとえば，自由度が3（$df=3$）のときに有意差が生じるχ^2値は7.815です。得られたデータから計算されるχ^2値がこの値より大きくなれば，図3-4の右に示す赤の棄却域に値が入って，有意差があると結論できます。p. 256のカイ2乗分布表に棄却域の詳細が示されているので，χ^2値

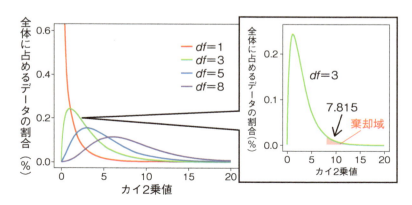

図3-4　カイ2乗分布とその棄却域

を得たらこの表を見てください。表3-1の例では，χ^2値は11.84でしたので，統計的に有意差があるといえます。このとき，**カイ2乗検定における統計値の書き方**は，

$$\chi^2(3) = 11.84, \quad p < 0.01$$

です[7]。

【Rスクリプト：適合度検定】
表3-1のデータを使用
chisq.test(c(37, 23, 13, 27))

3-2-3 独立性検定

- 独立性検定（Test of independence）：2つの質的変数が関連するか，独立であるかを示す検定。適合度検定を拡張した検定であり，同じ数式を用いて検定がなされる。

次に，もう少し複雑なケースに対してカイ2乗検定を適用する場合を考えてみましょう。コーヒーをブラックで飲む人の割合に男女差があるかを調べる目的で，男女50名ずつに「コーヒーをブラックで飲みますか？」と質問し，「はい／いいえ」で答えてもらったとしましょう。

このとき，データは**表3-2**のようにまとめられます。こうした表は**クロス集計表**とよばれ，多くの研究で用いられています。クロス集計表は，2つの質的変数をそれぞれ行と列の要素として，2×2の各セルに該当する度数あるいは割合を配置した表です。2つの質的変数がクロスしているのが理由で，クロス集計表とよばれます。

---

[7] ここでおこなった検定では，4つの項目間に有意差があるか否かを示したのみです。個々の項目間の有意差を検出するためには，残差分析（分散分析における多重比較の手法に相当する）といった手法を適用する必要があります。残差分析の方法を知りたい方は，Kraska-Miller (2013) などを参考にしてください。

Kraska-Miller, M. (2013). *Nonparametric statistics for social and behavioral sciences.* Florida, US: Chapman and Hall/CRC.

表3-2 質問に対するクロス集計表データ

質問：「コーヒーをブラックで飲みますか？」

	はい	いいえ	計
男性	38	12	50
女性	22	28	50
計	60	40	100

表3-2に示すような2つの質的変数についてのデータに関しては，前項のような質的変数が1つのデータと同じように検定することはできません。そこで使用するのが**独立性検定（Test of independence）**です。独立性検定をおこなうことによって，**質問に対する回答に男女差があるかについて，すなわち質問への回答（はい／いいえ）と性別（男性／女性）という2つの質的変数の関係性について検討することができます**。前項で説明した適合度検定では質的変数が1つだったのに対して，独立性検定では質的変数が2つあります。適合度検定が名義尺度における1要因分散分析の形式の検定であり，独立性検定が2要因分散分析の形式の検定であるといえるでしょう。ただし，分散分析の場合とは異なり，**適合度検定と独立性検定で用いる検定の式は同じです**。

表3-2のデータに対する独立性検定の帰無仮説は，「コーヒーをブラックで飲むという行動に男女差は認められず，行動と性別は独立である」です。この際の期待度数はどのようになるでしょうか。今回は，さきほどの適合度検定のように単純にはいきません。

期待度数を求めるにはいくつかの方法があります。ここでは，表3-2に示した男性の合計人数（50），女性の合計人数（50），質問に対する「はい」の合計人数（60），質問に対する「いいえ」の合計人数（40）のそれぞれ，調査の全体参加人数（100）の5つの数値を使って期待度数を求めてみます。

たとえば，「はい」と答える男性の人数の期待度数はどうでしょうか。これは次式のように，男性の合計50人と「はい」の合計60人を掛けて，

表3-3 帰無仮説から想定される期待度数
質問：「コーヒーをブラックで飲みますか？」

	はい	いいえ	計
男性	30	20	50
女性	30	20	50
計	60	40	100

総人数の100で割ることで求められます。

「はい」と答える男性の人数の期待度数

$$= \frac{50[男性の合計人数] \times 60[質問に対する「はい」の合計人数]}{100[調査の全体参加人数]}$$

上式の計算結果は，50×60/100で30となり，これが期待度数となります。この計算は，**調査人数の合計100人のうち「はい」と答える人数が60人であると仮定した場合に，男性が50人のうち「はい」と答える人数が何人かを予測するもの**です。男性の人数が全体の半分なので，期待度数も半分の30になるというわけです。この計算と同様にしてほかの3つのセルの期待度数を算出すると，それぞれ表3-3のように求まります。

表3-2と表3-3に示した4つの観測度数と期待度数を使って，**適合度検定**のときと同じ（式1）によってχ^2値を求めることができます。計算式は，

$$\chi^2 = \frac{(38-30)^2}{30} + \frac{(12-20)^2}{20} + \frac{(22-30)^2}{30} + \frac{(28-20)^2}{20} = 10.67$$

となります。

このようにして得られたχ^2値から，男女の選択に有意差があるといえるかを検定により判断します。このデータによる独立性検定の自由度は，（縦のセル数−1）×（横のセル数−1）＝1になります。p.256のカイ2乗検定分布の表を参照すると，$\chi^2(1) = 10.67$，$p < 0.001$であり，帰無仮説は棄却されます。よって，コーヒーをブラックで飲むという行動には統計的に有意な男女差がある（男女差がないとはいえない），という結論が得られます。

【Rスクリプト：独立性検定】
# 表3-3のデータを使用
data <- matrix(c(38, 12, 22, 28), ncol=2, byrow=T)
chisq.test(data, correct = F)

3-2-4 適合度検定と独立性検定の使用例

- 研究におけるカイ2乗検定の使用：調査や実験において参加者1人のデータが1あるいは0のみで得られた場合，適合度検定や独立性検定を用いる。

調査をおこなうとき，質問項目によっては，**参加者1人のデータが1あるいは0のみで得られる**ものがあります。そのため，調査結果が1あるいは0にあてはまる**合計人数のみで示されるデータ**（すなわち，質的変数のデータ）で得られることもしばしばあると思います。たとえば，表3-4のようなデータです。このようなデータが得られた場合，どのように扱えばよいか，そもそも統計的な分析が可能なのか，といった疑問をもつ人もいるでしょう。具体的にどのような場合にカイ2乗検定を使用するかについて，表3-4に(a)適合度検定と(b)独立性検定の場合に分けて記します。

適合度検定を用いるのは1つの質的変数について「はい」（1）か「いいえ」（0）で答える質問紙データなどの場合です。独立性検定を用いるのは，2つの質的変数に関する行動傾向を測る実験データなどが得られた場合です。こうしたデータが得られたときには，カイ2乗検定の実施を検討してみてください。

表3-4 カイ2乗検定を使用するデータの例

(a) 適合度検定

質問項目	回答			
利き手はどちらか？	右手 42	左手 8		
音楽を聴いて涙ぐんだことがあるか？	はい 21	いいえ 28		
カード選択課題[8]（たとえばWason, 1966）	A 18	B 10	C 14	D 5

(b) 独立性検定

	実験条件	統制条件
ゲームで協力行動をするか	あり 28	あり 23
	なし 15	なし 20

	文系	理系
今月の文芸書読書	あり 32	あり 9
	なし 18	なし 41

	3歳児	4歳児	5歳児	6歳児
心の理論・誤信念課題[9]	正解 6	正解 9	正解 18	正解 24
	不正解 24	不正解 21	不正解 12	不正解 6

---

[8] Wason, P. C. (1966). Reasoning. In B. M. Fos (Ed.), *New horizons in psychology* (pp. 135-151). Harmondsworth, Middlesex, UK: Penguin Books.

[9] Wimmer, H. & Perner, J. (1983). Beliefs about beliefs: Representation and constraining function of wrong beliefs in young children's understanding of deception. *Cognition, 13*(1), 103-128.

3-2-5 分散分析とカイ2乗検定の使い分け

- 分散分析とカイ2乗検定：1と0で回答されるデータを得たとき，分散分析をおこなうべきか，カイ2乗検定をおこなうべきか迷うことがある。得られたデータの形式に応じて，適切な検定がどちらか判断する必要がある。

3-2節のここまでで述べてきたように，カイ2乗検定は，質問紙における4つのカテゴリから1つを選択するといったような質問紙から得られたデータに対して適用されます（図3-5aを参照）。

これに対して，実験から得られるデータに対してもカイ2乗検定をおこなうべきか迷う場合があります。本書で示している実験の例では，おもに反応時間のデータを扱ってきました。しかし，実験課題に正解したときを1，不正解だったときを0として，正解したか否かのデータを集めることも数多くあります。たとえば，ディスプレイにAの図が出たら左ボタンを押し，Aとよく似たBの図が出たら右ボタンを押すといった実験課題をおこなったとします。このとき，回答から得られるデータは，反応までにかかった時間と，正解したか否か（1か0）です。

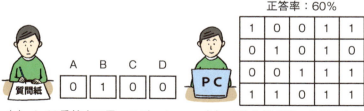

(a) カイ2乗検定で用いるデータ　　(b) 分散分析で用いるデータ

図3-5　カイ2乗検定を実施すべきデータと分散分析を実施すべきデータの違い
カイ2乗検定のデータでは1が1回のみ得られるのに対して，分散分析のデータでは1が何回も得られる。

こうした実験で得られる1と0のデータは，一見，カイ2乗検定が適用できるようにも感じられます。しかし，こうしたデータについては，分散分析をおこなうべきです。

　実験では通常，課題を複数回繰り返しておこなうため，得られる1と0のデータは，図3-5bに示すような数十，あるいは数百の値となります。20回の実験課題をおこなったとすれば，得られた1のデータ数の合計を20で割って100を掛けることで，正答率（単位は%）を算出して個人のデータとします（たとえば，図3-5bのデータでは12回正解している（1がある）ので，$12/20 \times 100 = 60\%$）。この正答率のデータは名義尺度ではなく，**正規分布が仮定できる**ため，分散分析を用いることが適切であると考えられます。

　このように，カイ2乗検定を用いるかどうかのポイントは，取得したデータの性質ではなく，データに正規性が仮定できるかどうかです。たとえばA群が（1,0,1,0,1,1,0,1），B群が（0,0,1,0,0,1,1,0），C群が（0,0,0,0,0,1,1,0）である場合には，各群の平均値は0.63，0.38，0.25であり，標準偏差は0.48，0.48，0.43となります。この要約統計量だけを見ると，分散分析を適用できそうです。しかしながら，データには0と1しか存在しないため，データ分布は正規分布のようななだらかな山型になるはずがありません。そのため，分散分析は使用できないのです。一方で，もともとは名義尺度で計測したデータであっても，先ほどの例のように，複数回の試行をおこない割合を求めることで，分散分析を使用することができます。もちろん，比較する群の数が2つであれば，分散分析ではなくt検定をもちいましょう。

3-3 正規分布の形状

本節では，ステップ1で学習した正規分布について，より詳細に解説します。まず思い出して欲しいのですが，**正規分布とは，1-1-9項の図1-9に示されるような山型のデータ分布のことでした。**この分布の形状は，**平均値と標準偏差によって記述する**ことができます。ここからは，平均値と標準偏差を使って正規分布がどのように表現されるか，それらの値が変わることで正規分布はどのような影響を受けるかを，みていきましょう。さらに，歪度や尖度といった平均値と標準偏差以外の正規分布の形状を示す指標についても解説していきます。

3-3-1 正規分布の記号による表現

- $N(\mu, \sigma^2)$：平均 μ，分散 σ^2（標準偏差 σ）の正規分布についての簡単な記号表現。
- 正規分布の平均 μ：母集団における山の頂点の位置を示す。
- 正規分布の標準偏差 σ（分散 σ^2）：母集団における山の中心の高さ，裾野の広がりを規定する。

ここで，標準偏差について簡単に復習しましょう。例として，ある実験課題をおこなって得られた20人分の反応時間のデータを考えます。標準偏差を求めるためには，まず偏差を計算する必要がありました。偏差は，参加者ひとりひとりのデータから，20人全員の平均値を引いて算出されます。さらに，全員分の偏差の2乗の合計をデータ数である20で割ることで20人分のデータの分散が得られます。最後に，単位をもとのデータとそろえるために分散の平方根（ルート）をとると標準偏差が得られるの

でした(詳しくは1-1-4項を参照)。

　正規分布の話に戻りましょう。正規分布はその形状の表現方法が決まっています。$N(\mu, \sigma^2)$ が正規分布の記号表現であり，ここで，**μ（ミュー）は母集団の平均値を指し，σ^2（シグマ2乗）は母集団の分散を指します**（σ は標準偏差を示します）。基本形は図1-9で示した平均値0，標準偏差1の正規分布であり，これを**標準正規分布**とよびます。このことを上記の記号表現によって示すと，$N(\mu=0, \sigma^2=1)$ となります。

　ここで，同じ平均値と分散を示すのに，なぜ今までとは異なる記号を使うのか，ととまどう読者もいるかもしれません。統計学の世界では，**実際に得たサンプルデータについての統計量（標本平均Mean，標本の標準偏差SD）と，母集団のデータについての統計量（母平均 μ，母集団の標準偏差 σ）を区別します**。サンプルと母集団のデータにおける平均値と標準偏差が示しているものの違いについて，図3-6に示しました。

　図3-6左には，ある正規分布に従う母集団のデータが示してあります。図3-6右には，母集団からサンプリングした複数のデータ群を示してあります。母集団の平均値と標準偏差はただ1つですが，各サンプルデータはそれぞれ異なる平均値と標準偏差をもつことが見てとれます。こうした違

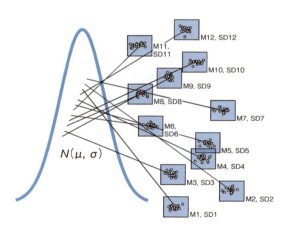

図3-6　母集団（左）とそこからサンプリングしたデータ群（右）。MはMeanの略。

いがあるため，サンプルと母集団における平均値と標準偏差を区別して扱うことが非常に重要です。

 ### 3-3-2 さまざまな正規分布の形

> - 正規分布の形状と平均値の関係：正規分布の山形において中心に位置する値は，平均値に応じて変化する。
> - 正規分布の形状と標準偏差の関係：標準偏差の値が小さい正規分布ほど，山が高く裾野が狭い。標準偏差の値が大きい正規分布ほど，山が低く裾野が広い。

前項では標準正規分布を扱いましたが，実験で得たサンプルデータの背後にある母集団について，$N(\mu, \sigma^2)$という記号を使ってどのように表せるのかを考えてみましょう。本書で繰り返し扱っている反応時間のデータについて考えると，**母集団の平均値μと分散σ^2がそれぞれ0と1であることは，なかなかないことが推測されます**。なぜなら，実験刺激に対する反応時間が0の人やマイナスの人はいませんので，平均は0になりようがありません。ここから，標準正規分布以外の正規分布を母集団に仮定する必要があることがわかります。

では，実験から得たサンプルデータの母集団となりえる正規分布はどのような形をしているでしょうか。この形を示すため，平均値μと標準偏差σの値を何パターンか変えたときの正規分布の形状を**図3-7**に示します。**μとσの値の組み合わせは無限にあるため，μとσの値を変化させることで，標準正規分布とは異なるさまざまな形状の正規分布を表現**できます[10]。

図3-7には，色の異なる曲線で4つの正規分布を示しました。緑の線で描かれているのが，さきほど述べた$\mu=0$，$\sigma=1$の標準正規分布です。この分布とそのほかの分布を順に比較して見ていきましょう。まず，標準正

---

[10] ステップ1でも述べましたが，すべてのデータが正規分布に従うわけではなく，ほかの分布に従うデータもあります。興味のある読者は蓑谷（2012）を参照してください。

蓑谷千凰彦（2012）．正規分布ハンドブック　朝倉書店

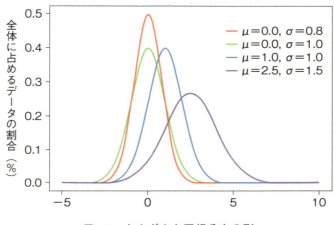

図3-7　さまざまな正規分布の形

規分布（緑）と$\mu=1$，$\sigma=1$の正規分布（青）をくらべると，後者の中心の位置が右側にずれていることが見てとれます。緑と水色の2つの正規分布について異なるのは平均値のみであることから，**正規分布の中心は平均値にもとづいて変わる**ことがわかります。

いっぽうで，$\mu=0$，$\sigma=0.8$の正規分布（赤）を標準正規分布（緑）と比較すると，赤のほうが山の中心が高いことが見てとれます。これは，標準偏差が小さくなり，データの分布が中心に寄ったということです。平均値付近にデータが密集したために高さが生じて，裾野が狭くなったといえます。**標準偏差の値は正規分布の山の高さおよび裾野の幅を規定している**のです。標準偏差が大きくなれば，今度は逆に山の高さが低くなり裾野が広がると想像できるのではないでしょうか。

ここまでの比較を通して，正規分布の平均が変わると山の中心の位置に影響し，標準偏差が変わると山の形状（高さや裾野の広がり具合）に影響すると考えられます。この考えを確かめるために，$\mu=2.5$，$\sigma=1.5$の正規分布（紫）を見てみましょう。標準正規分布（緑）とは平均値も標準偏差も異なります。さきほど考えたとおり，紫の正規分布は緑の正規分布とくらべて，山の中心の位置と中心の高さおよび裾野の広がり具合が変化しています。

以上から，標準正規分布とは異なる正規分布についてのイメージをつかむことができたのではないでしょうか。1-1-9項で説明したように，標本データから母集団を推測することができます。実験で得たサンプルデータから推測される母集団は，こうして平均0，標準偏差1の標準正規分布について，平均値にもとづいて位置が変わるか，標準偏差にもとづいて高さや裾野の広さが変わるかしたものになります。ただし，図3-7で示したように，おおよその形状は標準正規分布と同様である場合が多いのです。

3-3-3 歪度：分布のゆがみを表す指標

> ● 歪度（Skewness）：分布の非対称性を示す指標。正の値ならば左寄りの分布に，負の値ならば右寄りの分布になる。

データの分析において，平均値と標準偏差はもっとも基本的な指標であり，頻繁に使用されます。いっぽうで，正規分布の形を規定する指標はほかにも存在し，これらもデータの分析に有効な場合があります。その1つが**歪度（Skewness）**です。

歪度は，データ分布が平均値から見てどちら側に偏っているかを示す指標です。図3-8はあるデータ分布を示しており，赤線で平均値の位置を示しました。図からわかるように，これらのデータ分布は標準正規分布と異なり，平均値について対称ではありません。(a)のように分布が平均値より左側に偏る場合，その歪度は正の値をとります。逆に，(b)のように分布が右側に偏った場合の歪度は負の値を示します。

母集団における歪度の算出式は以下のようになります[11]。

---

[11] 本書では詳細な説明は省きますが，手元にあるサンプルデータから母集団の歪度を推測する数式を以下に示します（サンプルデータからの母集団推定については，3-6節を参照してください）。Sを標本n個のXに関する分散としたとき，

$$S = \frac{1}{n} \sum_{i=1}^{n} (x_i - \bar{x})^2$$

となり，

$$歪度 = \frac{\sqrt{n(n-1)}}{n-2} \times \frac{S^{3/2}}{\sqrt{S^3}}$$

と定義されます。

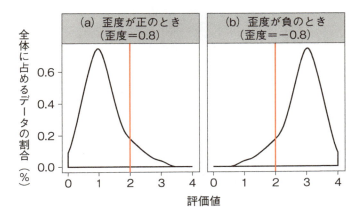

図3-8 歪度が正の場合(a)と負の場合(b)における分布の形

$$歪度 = \frac{1}{n} \sum_{i=1}^{n} \left(\frac{x_i - \mu}{\sigma} \right)^3 \quad (式3)$$

　分散や標準偏差は，偏差の2乗をもとにして求められていました。いっぽうで，歪度は偏差（$x_i - \mu$）を標準偏差（σ）で割った値を3乗（この後に出てくる尖度は4乗）することによって求められます。3乗や4乗の計算が出てくると複雑に感じるかもしれませんが，これらはたんなる掛け算の繰り返しですので，慌てずに読み進めてください。

　たとえば，評価値を0〜4の値で与える質問紙調査について考えてみましょう。このとき評価値の平均値が2だったとすると，1と評価した回答者の人数がとくに多かった場合には，分布の歪度は正の値をとり，図3-8aのような分布になります。3と評価した人数がとくに多かった場合，分布の歪度は負の値を示して図3-8bのような分布になります。

　このようにして**歪度を算出することで，データ全体の分布が中心から見てどちら側に偏っているかを客観的に把握**できるのです。図3-8の歪度は(a)が0.8，(b)が−0.8です。データが異なる分布の仕方をしていても，同じように歪度が0.8を示す場合もあります。しかし，この図の分布の形と数値を歪度の目安として覚えておくと役に立ちます。あるデータの分布が偏りをもつ疑いがあるときには，歪度を算出して確かめる癖をつけましょ

う。

【Rスクリプト：歪度】
data <- read.csv("14.csv",header=F)   # データの読み込み
mean((data-mean(x))^3)/(sd(data)^3)   # 歪度の算出

3-3-4 尖度：分布のとがり具合を表す指標

● 尖度（Kurtosis）：分布の尖り具合を示す指標。算出した値から3を引いたときに正の値ならば標準正規分布とくらべて尖っており，負の値ならば標準正規分布とくらべてなだらかになる。

分布の形を規定するもう1つの指標として，**尖度（Kurtosis）**が挙げられます。**尖度はデータ分布の形状の尖り具合を示す指標**です。図3-9に尖度が大きい場合と小さい場合について分布の形状を示しました。尖度の値が大きければ，分布の形状は急峻な山型を描きます。一方で，尖度の値が

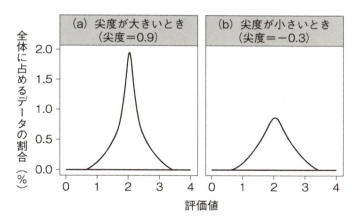

図3-9　尖度が大きい場合（a）と小さい場合（b）における分布の形

小さいときには，分布の形状はゆるやかな山型となります。

母集団における尖度の算出式は以下のようになります[12]。

$$尖度 = \frac{1}{n} \sum_{i=1}^{n} \left(\frac{x_i - \mu}{\sigma} \right)^4 \quad (式4)$$

図3-8の例と同様に，0〜4の値を評価値とする質問紙調査のデータを考えましょう。このとき，特定の評価値（たとえば2）の人数がとくに多かった場合には，尖度は大きな値を示して図3-9aのような分布になります。このように，**尖度の値を算出することで，データ分布が特定の位置に偏っているか否かを把握**できます。

尖度が大きいか小さいかを判断する**目安として，3という値がよく用いられます**[13]。これは，標準正規分布の尖度が3であることによります。尖度の算出式を用いて得られた値から3を引いた結果が正の値になるか負の値になるかが，ある分布が尖っているといえるか否かを決めます。図3-9aは値が0.9（＝3.9－3）であり，分布は尖っており1箇所に偏っているといえます。図3-9bは値が－0.3（＝2.7－3）であり，分布は比較的なだらかであるといえます。(b)で示した分布のほうが正規分布に形が近く，尖度の値も3により近くなっています。

論文などの研究報告において，データの平均値や標準偏差を報告することは必須です。これらにくらべると，歪度と尖度の値の報告を見かけることはあまり多くありません。しかし，取得したデータの分布になんらかの偏りがあると考えられる場合，これらの指標を使ってデータの偏りを数値で示すのが有効です。データの偏りが実験・調査の結果に影響していると考えられる場合は，歪度と尖度を報告したうえで結果について考察するのが望ましいといえます。**データ分布の全体像を把握する方法として，歪度と尖度が有用である**ことをおぼえておきましょう。

---

[12] 手元にある標本データから母集団の尖度を算出する数式を以下に示します。脚注（11）の分散 S を使って，

$$尖度 = \frac{n-1}{(n-2)(n-3)} \times \left\{ (n+1) \frac{S^{4/2}}{S^2} - 3(n-1) \right\}$$

と定義されます。

[13] 尖度の値0を基準として，数値の正負の符号からデータ分布が尖っているか否か判断する場合もあります。

【Rスクリプト:尖度】

15.csv

```
data <- read.csv("15.csv",header=F)        # データの読み込み
mean((data-mean(x))^4)/(sd(data)^4)        # 尖度の算出
```

3-4 標準得点

　実験や調査において取得したデータは，同じ尺度で測定した数値であっても，もつ意味が異なる場合があります。たとえば，視覚的な注意を測定する課題と聴覚的な注意を測定する課題という2つの異なる実験課題をおこなって反応時間のデータを得たとします。ある実験参加者がどちらの課題をより得意としているかを検討する場合について考えましょう。この場合，2種類の反応時間のデータを取得したままの状態で比較するのは問題があります。本節では，このような**異なる種類のデータを比較する**ために使用される標準得点について学びます。

3-4-1 標準得点とは

- 標準得点（Standard score）：素点の値を平均0，標準偏差1になるように変換したデータのこと。この変換は，標本データを標準正規分布にあてはめることに等しい。

　視覚と聴覚に関する2つの実験課題によって得た反応時間の例を使って，2種類のデータを直接比較するのが問題になるケースを考えてみましょう。図3-10aの左に示すように，視覚の実験は，ディスプレイの左側か右側に円が表示されたら，できるだけ早くそれらの方向に対応したキーを押す課題とします。図3-10aの右に示した聴覚の実験は，ヘッドフォンの左側か右側から音が聞こえたら，それらの方向に対応したキーをできるだけ早く押す課題とします。30人の実験参加者に両方の実験課題にとり組んでもらいました。図3-10bに示すように，参加者の1人であるAさんの結果は，視覚課題における反応時間が540 ms，聴覚課題における反応時

(a) 視覚課題と聴覚課題

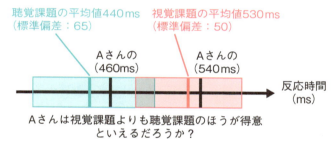

(b) 各課題におけるAさんの反応時間と30人の平均反応時間
（半透明のボックスは標準偏差を表す）

図3-10　2つの実験課題における反応時間と平均値

間が460 msでした。このような測定をおこなった単位そのままの得点を**素点**とよびます。

　単純に反応時間をくらべると、聴覚課題のほうが視覚課題よりも短いですが、これをもってしてAさんは聴覚課題が得意であると述べることはできません。素点として得られた両課題の反応時間を直接比較することには問題があります。まず、大きな問題となるのは、**視覚および聴覚の実験における反応時間の平均値が異なる**ことです。聴覚実験の平均反応時間が440 ms（標準偏差65）、視覚実験の平均反応時間が530 ms（標準偏差50）

であったときについて考えます。どちらの課題でも、Aさんの反応時間は平均値よりもやや長くなります。しかし、視覚実験のほうが、Aさんの反応時間と平均値の差は小さくなります（聴覚実験：460－440＝20 ms、視覚実験：540－530＝10 ms）。そのため、このデータからは、Aさんは視覚課題のほうが得意であるようにも感じられるでしょう。しかし、グループの平均値を基準とする際には、もうひとつ考慮しなければならない重要な要素があります。

その要素が、**両課題の反応時間の標準偏差、すなわちサンプルデータのばらつき**です。聴覚の実験課題ではばらつき（すなわち標準偏差）がより大きく、反応時間の値がさまざまです。一方で、視覚の実験課題では、聴覚課題とくらべて平均反応時間の付近に値が密集しています。このようにして2つの条件間にばらつきの違いがあるときには、視覚課題と聴覚課題におけるAさんの得点の価値が変わり、素点の比較が困難なものになります。

こうした平均値と標準偏差が異なるデータ群を比較するための得点が、**標準得点（Standard score）**です。この得点は、全体の中における個々のデータの相対的な位置を示すために用いられます。標準得点はz得点ともよばれており、記号zで表記されます。標準得点zの算出方法は次式のとおりです。

$$z = \frac{x - \bar{x}}{s} \qquad (式5)$$

ここで、xは個々のデータ、$\bar{x}$はサンプルデータの平均値、sは標準偏差を示します。あるデータ群の**素点を標準得点に変換することで、そのデータの平均値は0に、標準偏差は1になります**。これらが標準得点のもつ性質です。（式5）にもとづいて、**Aさんの聴覚課題と視覚課題の反応時間を標準得点に変換することで、両課題は同じ平均値、標準偏差のデータに調整されます**。この変換により、もともと平均値も標準偏差も異なっていた2つのデータ群を比較することができるようになります。

ここで、平均0、標準偏差1という数値にピンときた読者もおられるかと思います。これは、ステップ1やさきのセクションで扱った標準正規分

布の特徴でした。異なる標本データは，図3-7に示したような異なる平均値と標準偏差をもった正規分布を母集団とします。このため，直接得られたデータからは，聴覚課題と視覚課題で異なる母集団が仮定されます。**標準得点とはすなわち，サンプルデータを標準正規分布にあてはめることで，データの平均値と標準偏差をただ1つに固定した得点**であるといえます。

3-4-2 素点と標準得点の違い

> ●標準得点による比較の利点：素点を標準得点に変換してから比較をおこなうことで，複数のデータ群で共通した成績を示すことができる。この成績は，全体における個人の相対的な位置を示す。

　素点を標準得点に変換した場合，データがどのように変わるのかを具体的に見てみましょう。素点として，前項で扱った実験参加者30人の視覚および聴覚の実験課題の反応時間を使います。図3-11に両課題の反応時間の素点および標準得点の分布を示します。

　図では赤が視覚，青が聴覚の実験課題の反応時間を示しています。(a)と(c)に示されている番号は，実験参加者のIDです。参加者ID1のデータが，Aさんのデータであるとします。(b)と(d)は30人の得点のヒストグラムを見やすい形で示しています。(b)を見ると，素点では視覚課題と聴覚課題の得点分布が離れていることがわかります。このように，2つのデータは分布の位置も形も異なるため，素点のままでは両者の比較が困難です。とくに，そのグループの中でどのくらいの位置にいるのかという情報がわからないため，Aさんの視覚課題における順位と聴覚課題における順位は，素点では比較が難しいのです。

　それに対して，(d)の標準得点では視覚課題と聴覚課題の得点分布の平均値がそろっており，ちらばりも同様の範囲におさまるように数値が変換されています。とくに(b)と(d)の得点分布を見くらべれば，(d)で2つの

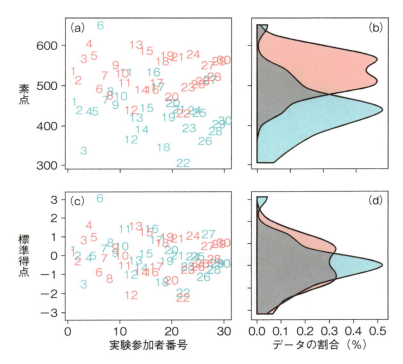

図3-11 視覚課題と聴覚課題の反応時間。上段(a)(b)は素点を示しており，下段(c)(d)は素点をデータ変換した標準得点を示している。

得点の分布が重なっていることがよくわかります。このように分布が重なっているため，標準得点を示した図(c)では，Aさんの視覚課題における順位と，聴覚課題における順位を直接的に比較することができます。この図にもとづくと，視覚課題のほうが反応時間が相対的に短い（数値が低い）ことがわかります。

図3-11に示されている各課題の平均反応時間および標準偏差とAさんの反応時間を（式5）にあてはめます。標準得点では，Aさんの視覚課題の得点および聴覚課題の得点は，

$$視覚課題の標準得点 = \frac{540-530}{50} = 0.20$$

$$聴覚課題の標準得点 = \frac{460-440}{65} = 0.31$$

になります。ここから，30人の実験参加者の反応時間の相対的な順位が数値で示されます。図3-11d で確認したとおり，Aさんは視覚課題のほうが聴覚課題よりも反応時間が平均値に近く，やや得意といえます。

このようにして標準得点を算出することで，**異なる平均値と標準偏差をもった得点群についても比較が可能**になるのです。なお，この例のように，単純に素点で比較した場合と標準得点で比較した場合で異なる結果になることが多々あります（図3-11aと図3-11cを参照）。しかし，データの比較方法として，標準得点による比較が妥当です。異なる実験で得たデータを比較する場合，標準得点を使用することで，素点のままでは得られなかった知見を見出せる可能性があることをおぼえておいてください。

【Rスクリプト：Aさんの標準得点】
# 図3-11のデータを使用
data <- read.csv("16.csv")   # データの読み込み
(data$ID[1]-mean(data$RT)) / sd   # 標準得点の算出

R
16.csv

3-4-3 偏差値

● 偏差値：標準得点を平均値が50，標準偏差が10になるように変換した得点のこと。

本節を読んで標準得点についてはじめて知った，という読者もいらっしゃるのではないでしょうか。しかし，じつは多くの方が知らないうちに標準得点に慣れ親しんでいます。というのは，大学受験のときに一度は目に

したであろう「偏差値」は、標準得点 z をもとに計算されているからです。偏差値は次式で定義されます。

$$偏差値 = z \times 10 + 50 \qquad (式6)$$

この式に従えば、たとえば**標準得点が平均値の0であるときは、標本の偏差値は50**となります。図3-12には、偏差値と学生の分布を示しました。この図のように、偏差値50の近辺にはとても多くの学生（データ）が密集していますが、偏差値が40や60、さらにそれよりも両端に近づくにつれて該当する学生が少なくなるのが見てとれます。これが大学受験における偏差値の意味です。

注意点ですが、偏差値はテストの得点のみに使用される数値ではありません。平均と標準偏差が与えられたデータであれば、どんなデータについ

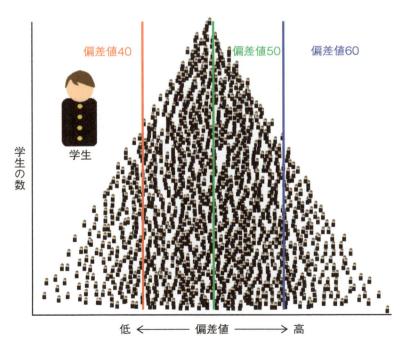

図3-12　偏差値と学生の分布

ても算出することができます。これは，偏差値が標準得点から算出されていることを考えれば明らかです。しかし，テストの得点以外に偏差値が使用されることが少ないため，あまり知られていません。たとえば，食事のメニューの頻度や，SNSにおける友人の人数といったなじみ深い事柄についても，偏差値で表すことができます。

　さらに，（式6）を使ってさきほどのAさんの視覚課題と聴覚課題の結果の偏差値を算出すると，それぞれ52と53になります。反応時間の場合，偏差値が低いほど課題成績がよいということになるので，視覚課題の方が聴覚課題よりも相対的な成績は良いということになります。ただし，心理学の研究で偏差値を使用することはほぼなく，標準化をおこなう場合には標準得点を用いることがふつうです。しかし，実験から得たデータを標準得点にしても，得点の違いがどのくらいであるかをなかなかイメージしにくい場合もあるかもしれません。そのようなときには，データを偏差値に変換して扱ってみるのも結果の理解に役立つ可能性があります。

3-5 不偏性と標準誤差

3-3節において，実験などで得られたサンプルデータの平均値と分散を母集団のそれらと区別することが重要である旨を述べました。3-5節と3-6節では，その理由を詳しく説明します。3-5節ではとくに，標本平均と母平均の違いに目を向けます。ここで重要なのが，不偏性と標準誤差という2つの概念です。

3-5-1 不偏性と不偏推定量

- 不偏性（Unbiasedness）：サンプルデータにもとづいた推測統計量（推定量）の期待値と母集団の統計量が一致すること。
- 不偏推定量（Unbiased estimator）：不偏性をもつ推定量のこと。平均値や不偏分散などが含まれる。

　実験・調査で得られたサンプルデータの平均値および標準偏差は，ステップ1でも述べたように**標本統計量**とよばれます。この標本統計量が母集団の統計量とどれだけ異なるかは，推測統計において重要な事項です。推測統計を用いた仮説検定では，標本統計量が母集団の統計量と大きく異なれば，推定が間違ってしまい，統計的仮説検定の結果が妥当性をもたないものになってしまいます。

　母集団の推定に偏りがないかをチェックするための指標として，**不偏性（Unbiasedness）** があります。**サンプルと母集団の統計量にずれがないことを「不偏性がある」といい，ずれがあることを「不偏性がない」といいます**。不偏性のある推定量を**不偏推定量（Unbiased estimator）** と総称します。

もっともよく用いられる統計量である**平均値は，不偏推定量の一種です**。すなわち，ランダムサンプリングしたときのサンプルデータの平均値の期待値は，母集団データの平均値に一致します。ある母集団から複数のデータを抽出して，各データについて平均値を得たとしましょう。このとき，データ群の中には母集団の平均値に近い平均値を含んでいるものもありますが，遠い平均値を含んでいるものもあります。ただし，**複数のデータ群の平均値をさらに平均すると，母集団の平均値に近づき，両者の差が0に近くなる**ことが知られています。これが，期待値が一致するということの意味です。

平均値の不偏性は，なかなかイメージしづらいので，図で説明します。図3-13下に示した平均85点，標準偏差10の正規分布を母集団データとします。図3-13上には，この母集団から20個ずつのサンプルデータをとり出してきた5つのデータ群（A，B，C，D，E）のヒストグラムを示しました。図中の色つき垂直線が各データ群の平均値です。さらに，表3-5には，図3-13の母集団および各サンプルデータ群の平均値と標準偏差を示します。

下図に黒線で示したのが母集団の平均値であり，いわば真の平均値です。この図で，各データの平均値と母集団の真の平均値の位置関係を見てみましょう。データCの平均値（青線）は母平均（黒線）に比較的近いですが，データBの平均値（緑線）は母平均から少し離れています。このように，複数のサンプルデータの中には，母平均に近い平均値を示すものと遠い平均値を示すものがあります。

ここで，データ群A，B，C，D，Eの平均値をさらに平均してみると，85.70となります。この値は，どのデータの平均値よりも母平均に近い値です（灰色線）。これが，**複数のサンプルデータ群の平均をとると母集団の平均に近い値が得られる**ということの意味です。この灰色線の値と黒色の線のずれが，不偏性のあり・なしを決めます。これら2つの線が一致する場合，「不偏性がある」といえます。

図3-13で示したような5つ程度の少数の標本群の平均の平均をとっても[14]，母平均に近い値を得られないこともあります。ただし，**サンプル**

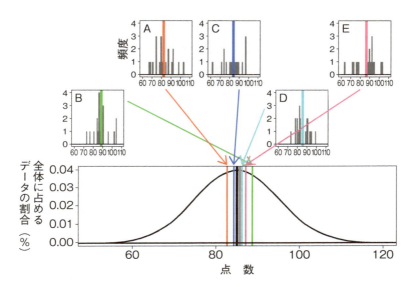

図3-13 複数のデータ群の平均値およびそれらと母平均との関係性

表3-5 図3-13における平均値と標準偏差の詳細

データ群	母集団	A	B	C	D	E	A〜Eの平均の平均
平均値	85	82.65	88.71	84.27	85.75	87.10	85.70
標準偏差	10	9.82	8.20	9.11	6.95	10.22	2.37

数が増えるにしたがって，各データ群の平均値の平均は母平均に近くなっていき，総数が非常に大きくなった場合にはずれがほぼ0になります。図3-13の場合であれば，データ群の総数が非常に大きくなったとき，個々の平均値をさらに平均すると値がほぼ85となります。このように，サンプル数を増やすことにより，標本統計量と母集団統計量は近づいていきます。ただし，平均値の場合はランダムサンプリングさえされていれば，標

---

(14) 通常，心理学の研究で得られるデータは，A，B，C，D，Eのいずれか1つのデータ群のみであると考えられます。このため，実際にはサンプルデータ群の平均の平均を扱うことはほぼありません。

本平均の期待値は母平均と常に一致します。この点で、平均値は不遍性があるといわれるのです。

3-5-2 標準誤差

> ● 標準誤差（Standard error）：標本平均値の分布の標準偏差のこと。標準偏差と名前が似ているが、平均値に関する情報である。母平均と標本平均の差の範囲を示す指標となる。

図3-13のデータ群A〜Eの平均値5つに関する標準偏差を算出すると、表3-5に示すように2.37になります。この値は灰色線（すなわち、個々のデータ群の平均値の平均）から、個々のデータ群の平均値がどのくらいばらついているかを示しています。こうした、サンプルデータ群の平均値についての標準偏差を**標準誤差（Standard Error）**とよびます。標準誤差は、**母平均の推定範囲を示す指標**です。すなわち、母平均への推定精度が高いときには、標準誤差は小さくなります。**標準偏差と名前が似ていますが、平均値に関する指標**であることに注意してください（3-6-3項で詳細を述べます）。

サンプルデータの平均値は、正規分布に従うことが知られています。このことを図示すると、図3-14のようになります。図3-14aに示すのは図3-13と同一の図ですが、この図では平均値を示す線が5つしかありません。このままでは、平均値の分布がどのような形状か不明ですので、図3-14bに示すように平均値が数多くのデータ群から得られた場合を考えます。この場合、真ん中に平均値が密集しており、端にいくにつれて平均値の数が減っていきます。これが平均値の分布が正規分布するということの意味です。

サンプルデータの平均値の分布が正規分布するというこの性質を利用して、あるサンプルデータの標準誤差を理論的に計算することができます。標準誤差（英語表記の頭文字をとってSEと書きます）の式は、

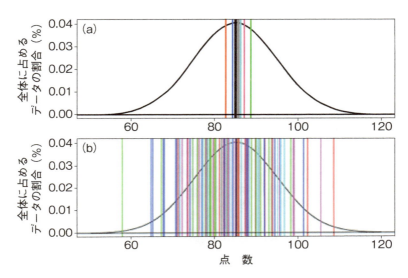

図3-14 標本データ群の平均値の分布
垂直線のそれぞれが，標本データ群の平均値を示す。(a)では垂直線が少なく分布がわからないが，(b)では垂直線が多く中心付近に分布が集中している。この垂直線の分布が正規分布している。

$$SE = \frac{\sigma}{\sqrt{n}} \qquad (式7)$$

です。ここで，σ は標準偏差，n はサンプル数を示します。（式7）を導き出す過程について，以下で説明します。

　平均 μ，分散 σ^2 の正規分布 $N(\mu, \sigma^2)$ に従う母集団から n 個のサンプルデータ群（個々の群が複数のサンプルを含んでいます）を抽出したとします。サンプルデータ群の平均値の分布が正規分布であれば，その**サンプルデータ群の平均値についての分散は** σ^2/n となることが知られています。さらに，この**分散の平方根をとって標準偏差になおすと** $\sigma/\sqrt{n}$ **となります**。$\sigma/\sqrt{n}$ は標本平均値の分布の標準偏差を示しているので，これはすなわち標準誤差を示しており，（式7）から標準誤差が求まります。**図3-14** に示したデータの母標準偏差が10であることから，サンプル数が20のときの標準誤差は，$10/\sqrt{20} = 2.24$ となります。

ここで，理論的に得た標準誤差の値2.24は，5つの標本から得られた分散2.37と近しい値ですが，一致はしていないことに注意してください。平均値の不偏性の場合と同様に，サンプルデータの総数が増えていくにしたがって2.24に近い標準誤差が得られるようになります。

　標準誤差2.24が示すのは，母平均とサンプルデータの平均の差の大きさ，すなわち母平均の推定範囲です。そのため，標準誤差が小さいほど，母集団の平均値がサンプルデータの平均値から近い位置にあることを意味します。このように，標準誤差はデータのばらつきを示す指標ではなく，あくまで母集団の平均値に関する情報なのです。

3-5-3 実験データにおける標準誤差

> ● 実験データの標準誤差：実験によって得られるデータは限られているが，標準誤差を検討することで母平均から大きく離れていないことが推測できる。

　不偏性や標準誤差について考えはじめると，実験によって得たデータの平均が母平均から離れているのではないか，という不安が生じるかと思います。しかし，母平均の値は知ることができないので（ステップ1の1-1参照），こうした不安をもったときに確かめようがありません。たとえば，みなさんのおこなった心理学実験のデータが運よく図3-13のデータC（母平均にもっとも近い値）であればいいですが，データB（母平均からもっとも離れた値）であったら母平均とのずれは比較的大きいことになります。

　多くの場合，異なる実験参加者を集めて再実験をおこなうのは困難なので，A，B，C，D，Eのいずれか1つのデータのみが得られているという状態がふつうです。そのため，**実験で得たデータ群の平均値がどの程度母平均から離れているかを知ることが必要になります。そうしたとき，標準誤差が役立ちます**。ここで，標準誤差を求める（式7）を使って，Aから

表3-6 各データ群における標準誤差

データ群	A	B	C	D	E
標準誤差	2.20	1.83	2.04	1.56	2.28
（式7）による計算	$\dfrac{9.82}{\sqrt{20}}$	$\dfrac{8.20}{\sqrt{20}}$	$\dfrac{9.11}{\sqrt{20}}$	$\dfrac{6.95}{\sqrt{20}}$	$\dfrac{10.22}{\sqrt{20}}$

Eの各データの標準誤差を算出すると，表3-6のようになります。

すべてのデータ群において標準誤差はおおむね2です。これは，各データ群の平均値が母平均から2程度離れている，と推定されたことを意味します。このように，あなたのおこなった実験がどのデータであっても，標準誤差の値が母平均からのずれの目印となり，サンプルデータから母平均の範囲を推定できるのです[15, 16]。

3-5-4 標本平均と母平均の差を小さくする条件

> ● 標本平均と母平均の差を小さくする条件：標準誤差の式から，標本平均と母平均の差が小さくなる条件を示すことができる。1つは安定したデータを得ることであり，もう1つは多くのデータを得ることである。

標準誤差の（式7）から考えられる重要事項が2つあります。1つは，**分子にある標準偏差の値（σ）をもとにして算出がおこなわれているため，標準偏差が小さいほど標準誤差も小さくなる**ということです。実験参加者数が30人で（$n=30$），得られたデータの標準偏差が10であったときと15であったときを比較してみましょう。表3-7に示すように，前者の場合に

---

(15) Cのデータのときは運がよく母平均に近い平均値が得られ，Bのデータのときは運が悪く母平均から離れた平均値が得られるということ自体に違いはありません。しかし，標準誤差の値が大きくないことから，両方のデータの平均値が著しく母平均と異なっている可能性が低いとわかるのです。

(16) ややこしいですが，Cの標準誤差がもっとも小さく，Bの標準誤差がもっとも大きいわけではありません。この数値の大小は，あくまで標本の平均および標準偏差から母平均が推定されるものであり，標本が少ないときには推定の精度が低いという性質を反映しています。

表3-7 標準誤差と標準偏差，サンプル数の関係

標準誤差	標準偏差	サンプル数
1.82	10	30
2.74	15	30
1.29	10	60

標準誤差は $10/\sqrt{30} = 1.82$，後者の場合は $15/\sqrt{30} = 2.74$ となります。

　この結果から，標準偏差の小さい安定した（ばらつきの小さい）データを取得することで，母平均からの誤差を小さくできることがわかります。安定したデータは，適切な条件設定を与えた実験課題から得られることが多いです。逆に，条件設定が曖昧な実験課題をおこなった場合，データが不安定になることがあります。こうした場合には，母平均との誤差の大きい実験データが得られる確率が高く，母平均の推定が不正確になってしまいます。洗練された実験計画を考案することが，母平均の推定精度を上げるということです。このことは，データを得る前の実験計画をよく練ることがよいデータを得るために重要であることを示しています。

　標準誤差の式から考えられるもう1つの重要事項は，**分母にあるデータのサンプル数（n）が大きい場合に標準誤差の値が小さくなる**ことです。**表3-7**に示すように実験参加者数が30人で標準偏差が10であるときには，$10/\sqrt{30} = 1.82$ となります。一方で，実験参加者数が60人で標準偏差が10であるときには，$10/\sqrt{60} = 1.29$ となります。これは，標準誤差が標本数の平方根で標準偏差を割ったものであるためです。標準誤差の意味を思い返せば，このことはすなわち，サンプル数が大きくなるほど，そのデータの平均値と母平均の差が縮まることを意味します。したがって，**多くのデータを得ることで，母平均をより正確に推測できる**ようになります。このことから，可能な場合にはより多くの参加者に実験をおこなってもらうことで，実験結果の一般性が保障されるといえます。

　参加者間で安定したデータを得たり，より多くの参加者からデータを確保したりすることで母集団の推定が正確になるのは，直感的に明らかだと

思う読者もいるかもしれません。しかし，直感的に明らかなことが数理的にも裏づけられているという点が重要です。数理的な裏づけによって，現象の法則性を示すことが可能になるからです。

　本書全体を通じて繰り返していますが，実験・調査で得られるデータから母集団を推定して，実験・調査結果をより大きな集団に一般化することが推測統計の本質です。標準誤差は，平均値についてこうした一般化をおこなううえで重要な指標であるといえます。

3-6 不偏分散

3-5節では，平均値の不偏性と標準誤差について説明しました。しかし，不偏性のある・なしが頻繁に問題になるのは平均値だけではありません。本節では，データ分析におけるもう1つの重要な指標である**分散の不偏性**について考えましょう。分散の不偏性を表すのは，**不偏分散（Unbiased variance）** という指標です。

3-6-1 不偏分散とは

> ● 不偏分散（Unbiased variance）：サンプルデータから推定した母集団の分散のこと。母集団の分散を正確に推定することができる。

今までの章では，データから得た分散のことをただ「分散」とよんできました。しかし，じつは**手元のサンプルデータの散らばりを知りたい場合には標本分散，母集団の散らばりを知りたい場合には不偏分散を用います**。標本分散は不偏性をもちません。そのため，平均値と異なり，標本統計量と推測統計量では異なる分散の計算式が用いられます。不偏分散とは，**不偏性をもった分散であり，母集団の分散**の推定値です。標本分散と不偏分散の算出方法は少しだけ異なりますが，この少しの差が重要です。

標本分散と不偏分散の数式の違いを示します。まず，ステップ1の復習になりますが，標本分散 V を求める式を示します。

$$V = \frac{(x_1 - \bar{x})^2 + (x_2 - \bar{x})^2 + \cdots + (x_n - \bar{x})^2}{n} \tag{式8}$$

ここで，n は標本数，$x_i (i=1, 2, \ldots, n)$ は各標本のデータ，$\bar{x}(=(x_1+x_2+\cdots+x_n)/n)$ は標本平均です。次に，不偏分散 U の算出式を示します。

$$U = \frac{(x_1 - \bar{x})^2 + (x_2 - \bar{x})^2 + \cdots + (x_n - \bar{x})^2}{n-1}$$ (式9)

標本分散と不偏分散の式の違いは，右辺の分母にあります。標本分散 V がデータの総数 n で割っているのに対して，不偏分散 U は $n-1$ で割っています[17]。$n-1$ で割ることで不偏分散が母分散の期待値と一致することは数学的に証明されています。概念的には，裾野が広い山型の正規分布からデータをランダムサンプリングすることを考えてみるとよいでしょう。ランダムに取ってきたデータでは平均値付近の値が多く，端の方の値ほど少なくなります。さらに，サンプルデータは母集団の裾野より外側の値を取ることはできません。そのため，必然的にサンプルデータの値の範囲は母集団データより狭くなり，サンプルデータの分散は母分散より常に小さくなるのです。このことから，標本分散を使ってデータを分析した場合には，不偏分散よりも小さな値，すなわち母分散よりも小さな値を用いることになります。このため，もし標本分散をデータ分析に用いた場合には，母集団におけるデータのばらつきの大きさを小さく見積もってしまう危険性があります。

何度も繰り返してきたように，統計的仮説検定では母集団を推定する必要があります。そのため，検定に用いるべき分散は，標本分散ではなく不偏分散です。ステップ1やステップ2で紹介した t 検定や分散分析の式には，不偏分散が用いられています。**標本分散が用いられるのは，手元のサンプルデータにおけるばらつき**を示すときです。

3-6-2 標本分散と不偏分散の値の関係性

- **標本分散と不偏分散の値の差**：標本分散と不偏分散の値の差は，サンプル数が小さいほど大きくなる。そのため，データが数十人程度の場合には，使い分けに注意が必要である。

---

[17] 不偏分散を求める式の分母が $n-1$ である理由の詳細を知りたい読者は Book（1979）を参照してください。
Book, S. A. (1979). Why n−1 in the Formula for the Sample Standard Deviation? *The Two-Year College Mathematics Journal*, *10*(5), 330–333.

表3-8 サンプル数の異なるデータに関する2種類の分散の比較

データ数	平均値	標本分散	標本分散の標準偏差	不偏分散	不偏分散の標準偏差
$N=10$	387	11025	105	12250	111
$N=1000$	387	11036	105	11038	105

　母分散の推定値は，標本分散と不偏分散の少しの数式の違いによってどのような影響を受けるでしょうか。以下で，標本分散により推定した母分散と，不偏分散により推定した母分散の関係性について，具体的なデータを用いて解説します。

　実験から得た反応時間の平均値が387 ms，標本分散の標準偏差が105 msであった場合について考えます。10人の実験参加者のデータからこれらの値が得られたとき，不偏分散の値は12250です（表3-8）。この値は標本分散の11025と差があります。不偏分散と標本分散それぞれの平方根をとった標準偏差について，値は111と105となり，まだ差があります[18]。このデータについて標本分散を用いた場合，母集団の分散より反応時間のばらつきを小さく評価してしまい，実験結果を正確に把握できなくなります。

　いっぽうで，1000人の実験参加者から得られた反応時間に関するデータの平均値が387 ms，標準偏差が105 msであった場合はどうでしょうか。実験で1000人分のデータを得るのは非常に困難ですが，標本数の効果を実感するため，計算してみましょう。この場合の不偏分散の値も表3-8に示しました。さきほどの標本数10の場合とくらべると，標本分散と不偏分散の値は非常に近いことが見てとれます。標準偏差については，整数値が一致します（ただし，表に示されていない小数点以下には違いがあります）。

　このように，標本分散と不偏分散のずれは，サンプル数の大小によって

---

[18] 不偏分散の標準偏差（すなわち，母集団の標準偏差）は，不偏分散の平方根を取ることで求められます。この計算により得られる値を母標準偏差と考える場合もありますが，母標準偏差を正確に推定するためには，不偏分散の平方根をとるだけでは不十分と考える場合もあり，議論が分かれています。

大きく変わってきます。心理学実験のように**サンプル数が小さいときには，（式9）の分母でnから1を引くことの影響が大きく，標本分散と不偏分散の値に大きな差が生じます**。サンプル数が大きいときには，標本分散と不偏分散の値の差はとても小さくなりますが，小さな差が結果を狂わせることもあるので，やはり区別が必要です。

3-6-3 標準誤差と標準偏差の違いについて

> ● 標準誤差と標準偏差の違い：標準誤差は標本データの平均値と母平均の差の程度を示す。いっぽうで，標準偏差は標本データから推定した母集団のばらつきを示す。両者は名前が似ているが示す内容は，大きく異なる。

3-5-2項では標準誤差，3-6節では不偏分散について説明しました。混乱を避けるために注意が必要ですが，標準誤差は母集団の平均値とサンプルデータの平均値との違いを示す指標です。したがって，**あくまで平均値についての指標**ということになります。いっぽうで，**不偏分散はデータのちらばり具合を示す指標**です。手元のデータのちらばり具合から推定される母集団のちらばり具合を表す指標が，不偏分散です。また，分散の平方根をとった値が標準偏差でした。

実験や調査の結果を図示するとき，多くの場合，平均値にはエラーバーをつけて報告するよう求められます。このとき，**エラーバーとして，標準偏差と標準誤差のどちらかが用いられることが大半です**[19]。ここでは，この2種類のエラーバーの意味と使い分けについて学びましょう。

図3-15aに同一のデータについて平均値と標準誤差のエラーバー（左）および平均値と標準偏差のエラーバー（右）を示しました。図3-15bには，母集団として想定される正規分布を示しています。赤色で囲まれている範囲は，中心にある**母集団の平均値と標本平均の差のばらつきの程度**を示しおり，標準誤差に対応しています。いっぽうで，緑で囲まれている範囲

---

[19] 信頼区間という指標をエラーバーに記すこともあります。

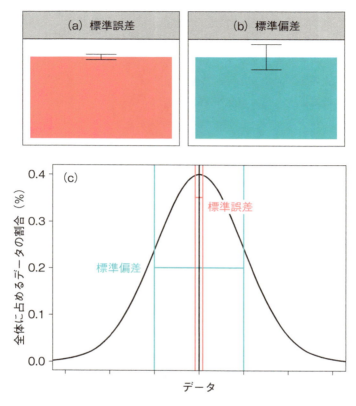

図3-15 同一のデータについて、エラーバーとして(a)標準誤差と(b)標準偏差を用いた棒グラフと、(c)母集団における2つのエラーバーの位置づけ

は，**母集団のデータのばらつきの範囲**を示しており，標準偏差に対応しています。

　エラーバーとして標準誤差を使用するのは，母平均に関心があるときです。実験データの平均値を報告する場合，手元のサンプルデータから得られた平均値を棒グラフで示し，エラーバーには母平均との隔たりである標準誤差を示すことが多くあります。これは，実験・調査で得た平均値がどのくらい母平均に近い値を推定できているか，という情報が求められているためです。

いっぽうで，エラーバーとして標準偏差を使用するのは，母分散に関心があるときです。たとえば，異なる実験条件でデータを得たとき，ある条件と別の条件で同じ平均値をもっていても，標準偏差が異なる場合があります（条件A：平均値432 ms，標準偏差118 ms，条件B：平均値432 ms，標準偏差213 ms）。このような場合に，2つの条件間の違いを分散によって評価し，条件ごとにばらつきの安定度が異なっていたことを示すことがあります。こうした評価をおこなうときには，標準偏差をエラーバーとして用いるのが適しています。

注意点ですが，3-5節で示したように，標準誤差は標準偏差をサンプル数の平方根で割った値であるため，標準誤差にも分散の大きさが反映されます。そのため，2つの条件間のばらつきの違いを標準誤差によって示すこともできるといえます。しかし，標本データのばらつきを示すことが目的であるときには，標準偏差を使用して母分散に関する情報をエラーバーとして表示するのが正しい方法です。

ここまでみてきたように，**同じデータであっても，エラーバーとして標準誤差と標準偏差のどちらを示すかによって，見た目も意味も大きく変わります**。エラーバーの定義があやふやになってしまっては，データを正確に読みとることができなくなります。そのため，**エラーバーをつけた図を作成する際には，標準偏差と標準誤差のどちらを示しているかを必ず明記する**ようにしましょう。

3-7 効果量

　最後に，統計的仮説検定の有意差だけでは判断できない，検定における要因の効果について学んでいきましょう。統計的仮説検定では，要因の効果は「ある」「なし」のどちらかでしか判断されません。ある要因の効果が偶然の誤差よりも十分に大きい場合に「有意な効果がある」と判断されます。

　ただし，有意水準の大小によって，要因の効果の大小を述べることはできません。たとえば，1％で有意となった要因の効果は，5％で有意となった要因の効果よりも大きい効果をもっている，とはいえないのです。これは，t値やF値といった検定統計量が，要因の効果の大きさだけでなくデータ数にも影響されるためです（2-2節参照）。

　そこで，効果の大きさについて言及したい場合には，効果量という指標を用います。本節では，効果量の意味と，各検定における効果量の算出式を簡単に紹介します。

3-7-1 効果量の意味

> ● 効果量（effect size）：要因の効果の大きさを示す統計量。データ数の影響を受けず，研究間・要因間での比較が可能である。

　効果量（effect size） とは，検定において誤差となる成分を基準として要因の効果の大きさを標準化した値です。効果量がt値やF値と異なるのは，**データ数の影響を受けずに，要因の大きさを示すことができる**点です。この特徴があるため，効果量は，研究間の結果を比較したい場合に有用です。実験に用いる刺激や環境が異なる場合には，誤差の要因も異なる

ため，平均値の大きさや有意性判断の結果のみを比較の材料にすることはできません。そのような場合に要因の効果の大きさを比較できるのが，効果量という指標なのです。

アメリカ心理学会（APA：American Psychological Association）では，検定結果を論文に報告する際に，効果量も記載することを推奨しています。そのため現在では，多くの心理学に関する学術雑誌の執筆マニュアルにおいても，効果量を記載する必要が明記されています。効果量によって，ある要因の研究間での効果の比較が可能となります。また，たとえば2要因以上の分散分析をおこなったとき，1つの検定内において複数の要因の主効果に関する有意差が得られることがあります。こうしたとき，効果量を用いることで，どの要因の影響がもっとも強いかを検討することができます。

さらに，効果量はデータ数の大小の影響を受けづらい指標であるため，効果量を算出することによって，有意差はあるが本質的な効果はほとんどない，というケースも判別できます。このようなケースは大規模調査に多くみられます。最近では，SNS（ソーシャルネットワークサービス）を対象にした研究が話題になりました。この研究は689,003人を参加者にしておこなわれており，検定の有意差は出ているにもかかわらず，効果量はほぼ0に近いものでした[20]。もちろん，このような研究の学術的な意味はさまざまな観点から検討されるべきです。しかし，ここで重要なことは，統計学的な有意差は「母集団に対する推測の信頼性」のみを示しており，要因の効果の大きさの根拠とはならない点です。そのため，ある要因に効果があるという研究の主張の判断材料として，効果量もあわせて提示することが望ましいのです。

---

[20] Kramer et al.（2014）で報告された効果量Cohen's d は，いちばん大きいもので0.02，小さいものだと0.001でした。$d=0.02$ は，標準偏差の50分の1の効果量です。わかりやすく偏差値で考えると，偏差値50と50.2の違いに対応します。この差は，一般的には誤差の範囲と考えられますが，データ数が多くなるとこのような小さな差でも有意と判断されます。
Kramer, A. D., Guillory, J. E., & Hancock, J. T. (2014). Experimental evidence of massive-scale emotional contagion through social networks. *Proceedings of the National Academy of Sciences, 111*(24), 8788–8790.

3-7-2 t検定の効果量

- d：ある群と別の群の平均値差を，2群の標準偏差をあわせた値で割ることで算出される効果量。
- r：全体のばらつきに占める要因の効果を算出した効果量。

　効果量は，検定の種類や研究の目的にあわせて，どの指標を算出・報告するかを決める必要があります。t検定の場合には，2種類の指標が提案されています。**dという指標と，r（効果量）という指標**です。

　まずdについて説明します。dはもっとも簡単な効果量の指標であり，2群の平均値差が，2群の標準偏差の平均の何倍あるかを反映します。たとえば，比較する2群間の平均値に，1標準偏差分の差がある場合には，$d=1$となります。このdは，多くの論文においてCohen's dと記述されます。以下に具体的な式を示します。

$$d=\frac{\bar{X}-\bar{Y}}{\sqrt{v_{mean}}}=\frac{2\text{群の平均値差}}{2\text{群の標準偏差の平均値}} \tag{式10}$$

（式10）において，$\bar{X}$と$\bar{Y}$は各群の平均値，v_{mean}は各群の分散の平均値を意味します。右辺の分母は，分散の平均値の平方根であるため，2群の標準偏差の平均値を意味しています。分子は2群の平均値差です。

　効果量dは，論文で報告されたt値と，それぞれの群のデータ数（n, m）からも計算できます。

$$d=|t|\times\sqrt{\frac{n+m}{n\times m}} \tag{式11}$$

　ステップ1で述べたように，t検定には対応のある場合とない場合があります。（式11）は，対応のないt検定に関するdの算出式です。対応のあるt検定におけるdを算出するためには，比較する2つのデータの相関に関する成分を調整した計算をおこなう必要があります。ただし，対応のあるt検定に対しても，対応のないt検定と同じdの計算式を使用する場合もあり，研究者の間でも使用法が定まっていません[21]。

一方で，t検定に関するもう1つの効果量であるrは，dとは異なり対応のあり・なしにかかわらず使用することができます。そのため，対応のあるt検定の場合には，rを効果量として報告することができます。

効果量rもt値を用いて計算することができます。rは，全体のばらつきを1としたとき，全体のばらつきに占める要因の効果の割合を表しています。したがって，rのとりうる範囲は0～1です。rは次式で計算されます。

$$r = \sqrt{\frac{t^2}{t^2 + df}} \quad \text{（式12）}$$

tとdfは，それぞれt検定のt値と自由度を示しています。（式12）において，t^2はt検定を1要因2水準の分散分析ととらえたときのF値と一致します（参照）。詳しい展開式は省略しますが，t^2をF値ととらえると，（式12）は，

$$r = \sqrt{\frac{SS_{Effect}}{SS_{Effect} + SS_{Error}}} = \sqrt{\frac{SS_{Effect}}{SS_{Total}}} \quad \text{（式13）}$$

と表現できます。つまり，効果量rは「全体のばらつき」（SS_{Total}）に対する「要因の効果」（SS_{Effect}）の割合，ととらえられるのです。

3-7-3 分散分析における参加者間要因の効果量

> - η^2（イータ2乗）：分散分析において，全体のばらつきに占める要因の効果の割合を示す効果量。
> - 偏η^2（偏イータ2乗）：分散分析において，効果量を求めたい要因と残差のばらつきの和に対する要因の効果を示す効果量。

分散分析における，参加者間要因の効果量は，効果量rと同様に，各要因の平方和の比率を用いて算出します。代表的なものとして，**η^2（イータ2乗）**，**偏η^2（偏イータ2乗，η_p^2）**があります。

---

(21) これら2つの算出方法については，水本・竹内（2010）がシミュレーションにもとづいた比較をおこなっています。
水本篤 & 竹内理（2010）．効果量と検定力分析入門―統計的検定を正しく使うために― 外国語教育メディア学会関西支部メソドロジー研究部会報告論集, 47-73.

η^2 は次の式で算出されます.

$$\eta^2 = \frac{SS_{Effect}}{SS_{Total}} \quad (式14)$$

（式14）における SS_{Effect} と SS_{Total} は，分散分析の構造方程式に登場した，要因の平方和と全体の平方和をそれぞれさしています（2-7-2項参照）。このことは，η^2 の示す内容が効果量 r と同一であることを意味します。r の計算式（式13）を2乗するとルートが消えて（式14）となるため，$r=\eta$ ととらえられます。したがって，η^2 は，r と同様に「全体のばらつきに占める要因の効果」の割合を示し，0～1の値をとります。

ステップ1, 2で学んだように，分散分析の要因数は1つの場合と2つ以上になる場合があります。要因数が増えるほど，ひとつの要因の主効果に関する η^2 値は小さくなります。これは，要因が2つ以上になると，ある要因の効果量を検討する際，（式14）の右辺における分母（SS_{Total}）に，別の要因の影響が含まれてきてしまうためです。要因の数が増えると，相対的にひとつの要因の効果が全体に占める割合が減ってしまいます。そのため，実験の要因数が異なる2つの実験を比較しようとする場合，この仕組みにより，η^2 では特定の要因の効果量を正確に比較できません。

そこでCohen（1973）によって提案されたのが，偏 η^2 であり，（式15）で計算されます[22]。

$$偏\,\eta^2 = \frac{SS_{Effect}}{SS_{Effect} + SS_{Error}} \quad (式15)$$

ここで，SS_{Error} は分散分析における残差要因の平方和です（2-7-2項参照）。したがって，（式15）における右辺の分母は，「要因によるばらつき÷（要因＋残差要因によるばらつき）」を意味します。重要なのは，分母が全体でなく検討する要因（SS_{Effect}）と残差要因（SS_{Error}）のみしか含んでいない点です。偏 η^2 を算出したとき，多くの場合で，すべての要因についての効果量を足しても1にはなりません。ただし，1要因参加者間の分散分析のみで，η^2 と偏 η^2 は等しい値になり，要因の効果量の和が1となります。

η^2 や偏 η^2 などの算出には，必ずしも実験の全データが必要ではありま

---

[22] Cohen, J. (1973). Eta-squared and partial eta-squared in fixed factor ANOVA designs. *Educational and psychological measurement, 33*(1), 107-112.

せん。論文等で報告されている分散分析の F 値と自由度を利用して計算することができます。たとえば，偏 η^2 であれば，以下の式で計算できます。

$$偏\eta^2 = \frac{F_{Effect} \times df_{Effect}}{F_{Effect} \times (df_{Effect} + df_{Error})} \quad (式16)$$

このように，効果量が報告されていない先行研究についても，F 値などの基本的な統計量がきちんと記載されていれば，それらをもとに効果量を計算できます[23]。気になった論文におけるある要因の効果を知りたいときのためなどに，（式16）を覚えておくと便利でしょう。多くの研究論文をまとめて研究結果を議論するレビュー論文では，こうした方法により効果量を算出して比較検討がおこなわれます。

η^2 は全体のばらつきを基準としているため，全体の要素を足せば1になり，後述するように，数値の大きさの目安もある点で直感的な解釈が可能です。いっぽうで，偏 η^2 は要因の効果量の総和が1を超えてしまう点，数値の大きさの目安がない点で難がある，と指摘する研究者もいます。ただし，要因計画に左右されない偏 η^2 のほうが η^2 よりも効果の大きさの比較に適した指標であると考えられるでしょう。

3-7-4 その他の効果量と効果量の目安

- ε^2（イプシロン2乗），ω^2（オメガ2乗），偏 ω^2（偏オメガ2乗）：要因の母集団効果量の推定値。
- η_G^2（一般化イータ2乗），ω_G^2（一般化オメガ2乗）：参加者内分散分析の効果量。
- r：相関係数は，その値がそのまま効果量となる。
- 効果量の目安：特定の基準にもとづいて，大きかった，中程度だった，小さかったと記述される。

3-7-2項と3-7-3項で述べた効果量の指標は，サンプルデータにおける効

---

[23] Maxwell et al.（1981）に，η_p^2 以外に関しても，F 値を用いた計算方法が記載されています。
Maxwell, S. E., Camp, C. J., & Arvey, R. D. (1981). Measures of strength of association: A comparative examination. *Journal of Applied Psychology, 66*(5), 525–534.

表3-9 ε^2, ω^2, 偏ω^2について

名称	算出式	説明	文献[24]
イプシロン2乗	$\varepsilon^2 = \dfrac{SS_{Effect} - df_{Effect} \times MS_{Error}}{SS_{Total}}$	η^2の母集団推定値	Kelley (1935)
オメガ2乗	$\omega^2 = \dfrac{SS_{Effect} - df_{Effect} \times MS_{Error}}{SS_{Total} + MS_{Error}}$	ε^2を改良したもの。ε^2と同様に母集団効果量の推定値	Hays (1963)
偏オメガ2乗	$\omega_{partial}^2 = \dfrac{SS_{Effect} - df_{Effect} \times MS_{Error}}{SS_{Effect} + (N - df_{Effect}) \times MS_{Error}}$	偏η^2の母集団推定値	Keren and Lewis (1979)

果量（標本効果量）であり，母集団における効果量ではありません。3-6節で述べたように，標本分散は不偏分散よりも値が少し大きくなります。そのため，標本分散を分母にもつ効果量は，要因の効果も少し大きく見積もってしまいます。

　この問題を解決するため，母集団の効果量の推定値を算出する指標が提案されました。この効果量が，**ε^2（イプシロン2乗）**，**ω^2（オメガ2乗）**，**偏ω^2（偏オメガ2乗）**です。これらの指標は，データ数が多くなるほど，η^2の値に近づきます。ε^2を改良したものがω^2であるため，母集団効果量の推定値を記載する場合には，ω^2あるいは偏ω^2を使用するとよいでしょう。それぞれの効果量の算出式や文献情報を**表3-9**に示します。

　これまで述べてきた分散分析に関する効果量は，参加者内要因デザインに対応していません。そこで，Olejnik and Algina (2003) が，η_G^2（一般化イータ2乗）とω_G^2（一般化オメガ2乗）を提案しました[25]。η_G^2とω_G^2

---

[24] 文献の詳細は，上から順に以下のとおり。
　　Kelley, T. L. (1935). An unbiased correlation ratio measure. *Proceedings of the National Academy of Sciences, 21*(9), 554–559.
　　Hays, W. L. (1966). *Statistics for Psychologists*. New York: Holt, Rinehart and Winston.
　　Keren, G., & Lewis, C. (1979). Partial omega squared for ANOVA designs. *Educational and Psychological Measurement, 39*(1), 119–128.

[25] Olejnik, S., & Algina, J. (2003). Generalized eta and omega squared statistics: measures of effect size for some common research designs. *Psychological methods, 8*(4), 434–447.

表3-10 効果量の大きさの目安

統計検定	効果量の指標	効果量の目安		
		小	中	大
相関分析	r	0.10	0.30	0.50
t検定	d	0.20	0.50	0.80
	r	0.10	0.30	0.50
分散分析	η^2	0.01	0.06	0.14
	偏η^2	なし	なし	なし
	ω^2	0.01	0.09	0.25

※ (21) の水元・竹内（2010）から抜粋

は，参加者に関するすべての誤差が考慮されており，参加者内要因の効果量も正確に反映されています。これら2つの指標の計算式は複雑で，詳しく説明することは本書の範囲を超えるため，割愛します[26]。

相関係数の効果量は，相関係数rがそのまま使用されます。rは，共分散（2変数の一貫性）が，偏差の積（全体のばらつき）で割られることによって算出されます（2-11-4参照）。そのため，rは「全体のばらつきに占める効果の割合」であるととらえることができます。さらに，データ数にも依存しないため，相関係数のrがそのまま効果量としても用いられるのです。

本節で紹介したt検定，分散分析，相関に関する効果量の一部の指標について，表3-10に大きさに関する目安を示します。論文では効果量について，これらの目安にもとづいて，たとえば，「効果量が大きかった・中程度だった・小さかった」と記述します。

---

[26] 統計ソフトRにおける分散分析パッケージ「ANOVA君」の作者である井関先生のホームページ（下記アドレス参照）にて詳しく解説がなされていますので，興味のある方は参考にしてください。また，ANOVA君を使用すれば，これらの効果量を簡単に算出することができます。
http://riseki.php.xdomain.jp/index.php?ANOVA%E5%90%9B

付録1　t分布表

自由度	片側検定			両側検定		
	5%	1%	0.1%	5%	1%	0.1%
1	6.314	31.821	318.310	12.706	63.657	636.620
2	2.920	6.965	22.327	4.303	9.925	31.599
3	2.353	4.541	10.215	3.182	5.841	12.924
4	2.132	3.747	7.173	2.776	4.604	8.610
5	2.015	3.365	5.893	2.571	4.032	6.869
6	1.943	3.143	5.208	2.447	3.707	5.959
7	1.895	2.998	4.785	2.365	3.500	5.408
8	1.860	2.897	4.501	2.306	3.355	5.041
9	1.833	2.821	4.297	2.262	3.250	4.781
10	1.813	2.764	4.144	2.228	3.169	4.587
11	1.796	2.718	4.025	2.201	3.106	4.437
12	1.782	2.681	3.930	2.179	3.055	4.318
13	1.771	2.650	3.852	2.160	3.012	4.221
14	1.761	2.625	3.787	2.145	2.977	4.141
15	1.753	2.603	3.733	2.131	2.947	4.073
16	1.746	2.584	3.686	2.120	2.921	4.015
17	1.740	2.567	3.646	2.110	2.898	3.965
18	1.734	2.552	3.611	2.101	2.878	3.922
19	1.729	2.540	3.579	2.093	2.861	3.883
20	1.725	2.528	3.552	2.086	2.845	3.850
21	1.721	2.518	3.527	2.080	2.831	3.819
22	1.717	2.508	3.505	2.074	2.819	3.792
23	1.714	2.500	3.485	2.069	2.807	3.768
24	1.711	2.492	3.467	2.064	2.797	3.745
25	1.708	2.485	3.450	2.060	2.787	3.725
26	1.706	2.479	3.435	2.056	2.779	3.707
27	1.703	2.473	3.421	2.052	2.771	3.690
28	1.701	2.467	3.408	2.048	2.763	3.674
29	1.699	2.462	3.396	2.045	2.756	3.659
30	1.697	2.457	3.385	2.042	2.750	3.646
40	1.684	2.423	3.307	2.021	2.705	3.551
50	1.676	2.403	3.261	2.009	2.678	3.496
60	1.671	2.390	3.232	2.000	2.660	3.460
70	1.667	2.381	3.211	1.994	2.648	3.435
80	1.664	2.374	3.195	1.990	2.639	3.416
90	1.662	2.369	3.183	1.987	2.632	3.402
100	1.660	2.364	3.174	1.984	2.626	3.391

付録2　F分布表（5%水準）

分母の自由度	分子の自由度									
	1	2	3	4	5	6	7	8	9	10
1	161.450	199.500	215.710	224.580	230.160	233.990	236.77	238.88	240.540	241.880
2	18.513	19.000	19.164	19.247	19.296	19.330	19.353	19.371	19.385	19.396
3	10.128	9.552	9.277	9.117	9.014	8.941	8.8867	8.8452	8.812	8.786
4	7.709	6.944	6.591	6.388	6.256	6.163	6.0942	6.041	5.999	5.964
5	6.608	5.786	5.410	5.192	5.050	4.950	4.8759	4.8183	4.773	4.735
6	5.987	5.143	4.757	4.534	4.387	4.284	4.2067	4.1468	4.099	4.060
7	5.591	4.737	4.347	4.120	3.972	3.866	3.787	3.7257	3.677	3.637
8	5.318	4.459	4.066	3.838	3.688	3.581	3.5005	3.4381	3.388	3.347
9	5.117	4.257	3.863	3.633	3.482	3.374	3.2927	3.2296	3.179	3.137
10	4.965	4.103	3.708	3.478	3.326	3.217	3.1355	3.0717	3.020	2.978
11	4.844	3.982	3.587	3.357	3.204	3.095	3.0123	2.948	2.896	2.854
12	4.747	3.885	3.490	3.259	3.106	2.996	2.9134	2.8486	2.796	2.753
13	4.667	3.806	3.411	3.179	3.025	2.915	2.8321	2.7669	2.714	2.671
14	4.600	3.739	3.344	3.112	2.958	2.848	2.7642	2.6987	2.646	2.602
15	4.543	3.682	3.287	3.056	2.901	2.791	2.7066	2.6408	2.588	2.544
16	4.494	3.634	3.239	3.007	2.852	2.741	2.6572	2.5911	2.538	2.494
17	4.451	3.592	3.197	2.965	2.810	2.699	2.6143	2.548	2.494	2.450
18	4.414	3.555	3.160	2.928	2.773	2.661	2.5767	2.5102	2.456	2.412
19	4.381	3.522	3.127	2.895	2.740	2.628	2.5435	2.4768	2.423	2.378
20	4.351	3.493	3.098	2.866	2.711	2.599	2.514	2.4471	2.393	2.348
21	4.325	3.467	3.073	2.840	2.685	2.573	2.4876	2.4205	2.366	2.321
22	4.301	3.443	3.049	2.817	2.661	2.549	2.4638	2.3965	2.3419	2.2967
23	4.279	3.422	3.028	2.796	2.640	2.528	2.4422	2.3748	2.3201	2.2747
24	4.260	3.403	3.009	2.776	2.621	2.508	2.4226	2.3551	2.3002	2.2547
25	4.242	3.385	2.991	2.759	2.603	2.490	2.4047	2.3371	2.2821	2.2365
26	4.225	3.369	2.975	2.743	2.587	2.474	2.3883	2.3205	2.2655	2.2197
27	4.210	3.354	2.960	2.728	2.572	2.459	2.3732	2.3053	2.2501	2.2043
28	4.196	3.340	2.947	2.714	2.558	2.445	2.3593	2.2913	2.236	2.19
29	4.183	3.328	2.934	2.701	2.545	2.432	2.3463	2.2783	2.2229	2.1768
30	4.171	3.316	2.922	2.690	2.534	2.421	2.3343	2.2662	2.2107	2.1646
40	4.085	3.232	2.839	2.606	2.450	2.336	2.249	2.1802	2.124	2.0772
50	4.034	3.183	2.790	2.557	2.400	2.286	2.1992	2.1299	2.0734	2.0261

付録3　F分布表（1％水準）

分母の自由度	分子の自由度									
	1	2	3	4	5	6	7	8	9	10
1	1.000	2.000	3.000	4.000	5.000	6.000	7.000	8.000	9.000	10.000
2	4052.20	4999.50	5403.40	5624.60	5763.60	5859.00	5928.40	5981.10	6022.50	6055.80
3	98.503	99.000	99.166	99.249	99.299	99.333	99.356	99.374	99.388	99.399
4	34.116	30.817	29.457	28.710	28.237	27.911	27.672	27.489	27.345	27.229
5	21.198	18.000	16.694	15.977	15.522	15.207	14.976	14.799	14.659	14.546
6	16.258	13.274	12.060	11.392	10.967	10.672	10.456	10.289	10.158	10.051
7	13.745	10.925	9.780	9.148	8.746	8.466	8.260	8.102	7.976	7.874
8	12.246	9.547	8.451	7.847	7.460	7.191	6.993	6.840	6.719	6.620
9	11.259	8.649	7.591	7.006	6.632	6.371	6.178	6.029	5.911	5.814
10	10.561	8.022	6.992	6.422	6.057	5.802	5.613	5.467	5.351	5.257
11	10.044	7.559	6.552	5.994	5.636	5.386	5.200	5.057	4.942	4.849
12	9.646	7.206	6.217	5.668	5.316	5.069	4.886	4.745	4.632	4.539
13	9.330	6.927	5.953	5.412	5.064	4.821	4.640	4.499	4.388	4.296
14	9.074	6.701	5.739	5.205	4.862	4.620	4.441	4.302	4.191	4.100
15	8.862	6.515	5.564	5.035	4.695	4.456	4.278	4.140	4.030	3.939
16	8.683	6.359	5.417	4.893	4.556	4.318	4.142	4.005	3.895	3.805
17	8.531	6.226	5.292	4.773	4.437	4.202	4.026	3.890	3.780	3.691
18	8.400	6.112	5.185	4.669	4.336	4.102	3.927	3.791	3.682	3.593
19	8.285	6.013	5.092	4.579	4.248	4.015	3.841	3.705	3.597	3.508
20	8.185	5.926	5.010	4.500	4.171	3.939	3.765	3.631	3.523	3.434
21	8.096	5.849	4.938	4.431	4.103	3.871	3.699	3.564	3.457	3.368
22	8.017	5.780	4.874	4.369	4.042	3.812	3.640	3.506	3.398	3.310
23	7.945	5.719	4.817	4.313	3.988	3.758	3.587	3.453	3.346	3.258
24	7.881	5.664	4.765	4.264	3.939	3.710	3.539	3.406	3.299	3.211
25	7.823	5.614	4.718	4.218	3.895	3.667	3.496	3.363	3.256	3.168
26	7.770	5.568	4.676	4.177	3.855	3.627	3.457	3.324	3.217	3.129
27	7.721	5.526	4.637	4.140	3.818	3.591	3.421	3.288	3.182	3.094
28	7.677	5.488	4.601	4.106	3.785	3.558	3.388	3.256	3.149	3.062
29	7.636	5.453	4.568	4.074	3.754	3.528	3.358	3.226	3.120	3.032
30	7.563	5.390	4.510	4.018	3.699	3.474	3.305	3.173	3.067	2.979
40	7.314	5.179	4.313	3.828	3.514	3.291	3.124	2.993	2.888	2.801
50	7.171	5.057	4.199	3.720	3.408	3.186	3.020	2.890	2.785	2.698

付録4　F分布表（0.1％水準）

分母の自由度	分子の自由度									
	1	2	3	4	5	6	7	8	9	10
1	405000	500000	540000	563000	576000	586000	593000	598000	602000	606000
2	998.500	999.000	999.170	999.250	999.300	999.330	999.36	999.37	999.390	999.400
3	167.030	148.500	141.110	137.100	134.580	132.850	131.58	130.62	129.860	129.250
4	74.137	61.246	56.177	53.436	51.712	50.525	49.658	48.996	48.475	48.053
5	47.181	37.122	33.202	31.085	29.752	28.834	28.163	27.649	27.244	26.917
6	35.507	27.000	23.703	21.924	20.803	20.030	19.463	19.03	18.688	18.411
7	29.245	21.689	18.772	17.198	16.206	15.521	15.019	14.634	14.330	14.083
8	25.415	18.494	15.829	14.392	13.485	12.858	12.398	12.046	11.767	11.540
9	22.857	16.387	13.902	12.560	11.714	11.128	10.698	10.368	10.107	9.894
10	21.040	14.905	12.553	11.283	10.481	9.926	9.5175	9.2041	8.956	8.754
11	19.687	13.812	11.561	10.346	9.578	9.047	8.6553	8.3548	8.116	7.922
12	18.643	12.974	10.804	9.633	8.892	8.379	8.0009	7.7104	7.480	7.292
13	17.815	12.313	10.209	9.073	8.354	7.856	7.4886	7.2061	6.982	6.799
14	17.143	11.779	9.729	8.622	7.922	7.436	7.0775	6.8017	6.583	6.404
15	16.587	11.339	9.335	8.253	7.567	7.092	6.7408	6.4707	6.256	6.081
16	16.120	10.971	9.006	7.944	7.272	6.805	6.4604	6.195	5.984	5.812
17	15.722	10.658	8.727	7.683	7.022	6.563	6.2234	5.962	5.754	5.584
18	15.379	10.390	8.488	7.459	6.808	6.355	6.0206	5.7628	5.558	5.390
19	15.081	10.157	8.280	7.266	6.623	6.175	5.8452	5.5904	5.388	5.222
20	14.819	9.953	8.098	7.096	6.461	6.019	5.692	5.44	5.239	5.075
21	14.587	9.772	7.938	6.947	6.318	5.881	5.5571	5.3076	5.1087	4.9462
22	14.380	9.612	7.796	6.814	6.191	5.758	5.4376	5.1901	4.9929	4.8317
23	14.195	9.469	7.669	6.696	6.078	5.649	5.3308	5.0853	4.8896	4.7296
24	14.028	9.339	7.555	6.589	5.977	5.550	5.2349	4.9912	4.7968	4.6379
25	13.877	9.223	7.451	6.493	5.885	5.462	5.1484	4.9063	4.7131	4.5551
26	13.739	9.116	7.357	6.406	5.802	5.381	5.0698	4.8292	4.6372	4.4801
27	13.613	9.019	7.272	6.326	5.726	5.308	4.9983	4.759	4.568	4.4117
28	13.498	8.931	7.193	6.253	5.657	5.241	4.9328	4.6947	4.5047	4.3491
29	13.391	8.849	7.121	6.186	5.593	5.179	4.8727	4.6358	4.4466	4.2917
30	13.293	8.773	7.055	6.125	5.534	5.122	4.8173	4.5814	4.393	4.2388
40	12.609	8.251	6.595	5.698	5.128	4.731	4.4355	4.207	4.0243	3.8744
50	12.222	7.956	6.336	5.459	4.901	4.512	4.2224	3.998	3.8185	3.6711

付録5　カイ2乗検定分布表

自由度	有意確率		
	5%	1%	0.1%
1	3.841	6.635	10.828
2	5.991	9.210	13.816
3	7.815	11.345	16.266
4	9.488	13.277	18.467
5	11.070	15.086	20.515
6	12.592	16.812	22.458
7	14.067	18.475	24.322
8	15.507	20.090	26.124
9	16.919	21.666	27.877
10	18.307	23.209	29.588
11	19.675	24.725	31.264
12	21.026	26.217	32.909
13	22.362	27.688	34.528
14	23.685	29.141	36.123
15	24.996	30.578	37.697
16	26.296	32.000	39.252
17	27.587	33.409	40.790
18	28.869	34.805	42.312
19	30.144	36.191	43.820
20	31.410	37.566	45.315
21	32.671	38.932	46.797
22	33.924	40.289	48.268
23	35.172	41.638	49.728
24	36.415	42.980	51.179
25	37.652	44.314	52.620
26	38.885	45.642	54.052
27	40.113	46.963	55.476
28	41.337	48.278	56.892
29	42.557	49.588	58.301
30	43.773	50.892	59.703
40	55.758	63.691	73.402
50	67.505	76.154	86.661

索引

▶欧文

ANOVA ··· 116
Bartlett 検定 ···································· 164
Bonferroni の方法 ······················ 53, 171
Brown–Forsythe 検定 ···················· 164
Brown–Forsythe の修正分散分析 ··· 164
d ·· 246
Dunnett の方法 ······························· 172
F 検定 ·· 164
F 値 ·· 46, 119
F 分布 ·· 128
F 分布表 ··· 129
Games–Howell の方法 ··················· 172
Greenhouse–Geisser ······················ 166
Guilford の基準 ······························· 183
Harris の多標本球面性検定 ·········· 165
Hartley 検定 ···································· 164
Holm の方法 ···································· 172
Huynh–Feldt の方法 ······················ 166
Levene 検定 ······································ 164
Lilliefors 検定 ·································· 160
Mann–Whitney の U 検定 ············ 171
MANOVA ··· 165
Mauchly の球面性検定 ·················· 165
Mendoza の多標本球面性検定 ···· 165
$n.s.$ ·· 29
p 値 ·· 26
r（効果量）····································· 246
Shaffer の方法 ································· 172
Shapiro–Wilks 検定 ······················· 160
Sheffe の方法 ··································· 172
SPSS ··· 166
Tukey の方法 ··································· 172
t 検定 ··· 4, 32
t 値 ·· 36
t 分布 ··· 94
t 分布表 ··· 96
Wilcoxon の順位和検定 ················· 171
z 得点 ·· 223
ε^2（イプシロン2乗）····················· 250
η^2（イータ2乗）······························ 247
η_G^2（一般化イータ2乗）··················· 250
μ（ミュー）······································ 213
σ^2（シグマ2乗）···························· 213
ω^2（オメガ2乗）······························ 250
ω_G^2（一般化オメガ2乗）··················· 250

▶あ

一様分布 ·· 156
ウェルチの t 検定 ··························· 110
ウェルチの修正分散分析 ·············· 164
エラーバー ··· 35
折れ線グラフ ···································· 34

▶か

カイ2乗検定 ······························· 4, 201
カイ2乗値 ·· 203
カイ2乗分布 ···································· 204
ガウス分布 ··· 18
確率分布 ··· 94
下限値 ··· 95
片側検定 ······································ 38, 43
間隔尺度 ···································· 156, 194
観測度数 ·· 203
危険率 ··· 28
疑似相関 ·· 187
記述統計 ··· 3, 8
記述統計量 ·· 9
期待度数 ·· 203
帰無仮説 ··· 79
球面性の仮定 ··································· 164
共分散 ·· 176
繰り返しのない要因 ······················· 117
クロス集計表 ··································· 205
検定統計量 ·································· 10, 83
検定の多重性問題 ···················· 53, 169
検定力 ·· 41, 102
効果量 ·· 31, 244
効果量の目安 ··································· 249
交互作用 ····································· 59, 135
構造方程式 ······································· 123
個人差 ··· 103
混合要因分散分析 ···················· 64, 146

▶さ

再現性 ··· 198
最頻値 ··· 13
参加者間要因 ···························· 63, 117
参加者内要因 ···························· 63, 117
残差 ··· 122
散布図 ··· 66

257

サンプリング	6
サンプル	7
サンプルサイズ	7
サンプルデータ	20
シグマ記号	92
四則演算	193
質的変数	202
尺度水準	193
従属変数	50, 74
自由度	36, 76
自由度調整法	165
自由度の調整	111
主効果	49
順序尺度	156, 195
剰余変数	158
水準	47, 75
推測統計	3, 8
推測統計量	9
数学的手続き	77
正規性	109
正規性の仮定	157
正規分布	18
制御変数	188
正答率	211
正の相関	67
尖度	218
相関係数	68, 181
相関分析	4, 65
素点	222

● た・な

第3の変数	187
第一種の過誤	153
対応	39
対応のある t 検定	40
対応のあるデータ	39
対応のない t 検定	40
対応のないデータ	40
第二種の過誤	153
代表値	13
タイプⅠエラー	153
タイプⅡエラー	153
対立仮説	79
多重比較	51, 170
多変量分散分析	165
単純主効果の検定	62
中央値	13
適合度検定	202
統計的仮説検定	22, 74

統計的有意差	25, 37
統計デザイン	75, 115
統計量	9
統制	107
等分散性	109
等分散性の仮定	162
独立性	109
独立性検定	206
独立性の仮定	167
独立変数	74
度数分布	14
度数	15
ノンパラメトリック検定	155

● は

外れ値	71
パラメトリック検定	154
反復測定要因	117
ピアソンの積率相関係数	68
ヒストグラム	15
標準誤差	232
標準正規分布	213
標準得点	223
標準偏差	11
標準偏差 σ	213
標本	7
標本統計量	229
標本分散	92, 238
比率尺度	156, 193
プール	138
負の相関	68
部分相関	188
不偏性	229
不偏測定量	229
不偏分散	92, 238
分散	11
分散 σ^2	212
分散分析	4, 46, 116
分散分析表	120
平均値	10
平均 μ	212
平方平均	122
平方和	122
偏 η^2 (偏イータ2乗)	247
偏 ω^2 (偏オメガ2乗)	250
偏差値	226
編相関	188
棒グラフ	34
母集団	7

母集団データ ………………………… 20

▶ ま

無作為抽出 ……………………………… 7
無相関 …………………………………… 68
名義尺度 ………………………… 156, 196

▶ や

有意確率 ………………………… 26, 80
有意水準 ………………………… 29, 77
要因 ……………………………… 46, 75
要因の主効果 ………………………… 118
要約統計量 …………………………… 10

▶ ら・わ

ランダムサンプリング ………………… 7
離散変数 ……………………………… 65
リッカート尺度 …………………… 199
両側検定 …………………………… 38, 43
連続変数 ……………………………… 65
論理的手続き ………………………… 78
歪度 ………………………………… 216

著者紹介

板口　典弘　博士（文学）
2013年　早稲田大学大学院文学研究科博士後期課程修了
現　在　慶應義塾大学文学部准教授

森　　数馬　博士（学術）
2013年　広島大学大学院総合科学研究科博士課程修了
現　在　国立研究開発法人量子科学技術研究開発機構量子生命科学研究所研究員

NDC 140　271 p　21 cm

ステップアップ心理学シリーズ
心理学統計入門　わかって使える検定法

2017年 5月30日　第 1 刷発行
2024年 7月11日　第 6 刷発行

著　者　板口典弘・森　数馬
発行者　森田浩章
発行所　株式会社　講談社
　　　　〒112-8001　東京都文京区音羽 2-12-21
　　　　　　販　売　(03)5395-4415
　　　　　　業　務　(03)5395-3615

編　集　株式会社　講談社サイエンティフィク
　　　　代表　堀越俊一
　　　　〒162-0825　東京都新宿区神楽坂 2-14　ノービィビル
　　　　　　編　集　(03)3235-3701

本文データ制作　美研プリンティング 株式会社
印刷・製本　　　株式会社 KPSプロダクツ

落丁本・乱丁本は，購入書店名を明記のうえ，講談社業務宛にお送りください。送料小社負担にてお取替えします。なお，この本の内容についてのお問い合わせは，講談社サイエンティフィク宛にお願いいたします。
定価はカバーに表示してあります。

© Yoshihiro Itaguchi and Kazuma Mori, 2017

本書のコピー，スキャン，デジタル化等の無断複製は著作権法上での例外を除き禁じられています。本書を代行業者等の第三者に依頼してスキャンやデジタル化することはたとえ個人や家庭内の利用でも著作権法違反です。

|JCOPY|〈(社)出版者著作権管理機構 委託出版物〉

複写される場合は，その都度事前に(社)出版者著作権管理機構（電話 03-5244-5088，FAX 03-5244-5089，e-mail: info@jcopy.or.jp）の許諾を得てください。

Printed in Japan
ISBN 978-4-06-154810-7